Companhia Das Letras

# Totem e tabu

(1912-1913)

SIGMUND FREUD (1856-1939) foi médico neurologista e fundador da psicanálise. Ingressou na Faculdade de Medicina de Viena aos dezessete anos, formando-se em 1881. Na França, realizou estudos sobre a histeria com o neurologista francês Jean Martin Charcot. Chegou a aplicar a técnica da hipnose em seus pacientes, posteriormente substituída pelo método de livre associação. Apesar da grande dificuldade que Freud enfrentou na aceitação de seus preceitos pela classe médica e pela sociedade em geral — sobretudo no que diz respeito à sexualidade infantil —, ele formou muitos seguidores; entre eles, Carl G. Jung, com quem romperia bruscamente mais tarde. Por fim, suas ideias sobre o inconsciente e a sexualidade desenvolvidas a partir de procedimentos terapêuticos revolucionaram as interpretações humanas no século XX. Entre os seus ensaios mais famosos estão *O Eu e o Id*, *A interpretação dos sonhos*, *Três ensaios de uma teoria da sexualidade* e *O mal-estar na civilização*. A Companhia das Letras publica, desde 2010, as Obras Completas de Freud, com tradução de Paulo César de Souza.

PAULO CÉSAR DE SOUZA fez licenciatura e mestrado em história na Universidade Federal da Bahia e doutorado em literatura alemã na Universidade de São Paulo. Além de muitas obras de Nietzsche e Freud, traduziu *O diabo no corpo*, de R. Radiguet, *Poemas: 1913-1956* e *Histórias do sr. Keuner*, de B. Brecht. É autor de *A Sabinada: A revolta separatista da Bahia* e *As palavras de Freud: O vocabulário freudiano e suas versões*. Coordena as coleções de Nietzsche e Freud publicadas pela Companhia das Letras.

Sigmund
Freud

# Totem e tabu

## Algumas concordâncias entre a vida psíquica dos homens primitivos e a dos neuróticos

*Tradução de*
PAULO CÉSAR DE SOUZA

*9ª reimpressão*

COMPANHIA DAS LETRAS

*Grafia atualizada segundo o Acordo Ortográfico da Língua Portuguesa de 1990, que entrou em vigor no Brasil em 2009.*

A presente edição tem supressões pontuais.



Published by Companhia das Letras in association with Penguin Group (USA) Inc.

TÍTULO ORIGINAL
*Totem und Tabu. Über einige Übereinstimmungen im Seelenleben der Wilden und der Neurotiker.*
Publicado como livro em 1913.

CAPA E PROJETO GRÁFICO PENGUIN-COMPANHIA
warrakloureiro

PREPARAÇÃO
Célia Euvaldo

REVISÃO
Huendel Viana
Adriana Cristina Bairrada

Dados Internacionais de Catalogação na Publicação (CIP)
(Câmara Brasileira do Livro, SP, Brasil)

Freud, Sigmund, 1856-1939.
Totem e tabu: algumas concordâncias entre a vida psíquica dos homens primitivos e a dos neuróticos / Sigmund Freud; tradução de Paulo César de Souza. — 1ª ed. — São Paulo: Penguin Classics Companhia das Letras, 2013.

Título original: Totem und Tabu. Über einige Übereinstimmungen im Seelenleben der Wilden und der Neurotiker.
ISBN 978-85-63560-61-2

1. Freud, Sigmund, 1856-1939. 2. Psicanálise. 3. Psicologia. 4. Psicoterapia. I. Título

13-00387 CDD-150.1954

Índice para catálogo sistemático:
1. Sigmund, Freud: Obras completas: Psicologia analítica 150.1954


EDITORA SCHWARCZ S.A.
Rua Bandeira Paulista, 702, cj. 32
04532-002 — São Paulo — SP
Telefone: (11) 3707-3500
www.penguincompanhia.com.br
www.companhiadasletras.com.br
www.blogdacompanhia.com.br

# Prefácio

Os quatro ensaios seguintes — originalmente publicados com um título que é agora o subtítulo, nos dois primeiros volumes da revista *Imago*, por mim editada — constituem minha primeira tentativa de aplicar perspectivas e resultados da psicanálise a problemas ainda não solucionados da psicologia dos povos. Eles oferecem um contraste metodológico, por um lado, à extensa obra de Wilhelm Wundt, que utiliza as hipóteses e métodos de trabalho da psicologia não analítica para o mesmo propósito, e, por outro lado, aos trabalhos da escola psicanalítica de Zurique, que buscam, inversamente, resolver problemas da psicologia individual com o auxílio de material etnopsicológico [Jung]. De bom grado reconheço que de ambos os lados veio o estímulo imediato para meus próprios trabalhos.

As deficiências desses últimos me são familiares. Não mencionarei aquelas relacionadas ao caráter pioneiro de tais pesquisas. Outras, no entanto, exigem uma palavra introdutória. Os quatro ensaios aqui reunidos pedem o interesse de um círculo maior de leitores cultos e, no entanto, podem realmente ser entendidos e apreciados apenas pelos poucos aos quais a psicanálise não é estranha em sua peculiaridade. Eles também querem fazer a intermediação entre etnólogos, linguistas, folcloristas etc., de um lado, e psicanalistas, de outro, mas não podem fornecer aos dois lados aquilo que lhes falta: àqueles, uma satisfatória introdução à nova técnica psicanalítica; a estes, um domínio suficiente do material a ser trabalhado. Provavelmente terão de satisfazer-se, pois, com atrair a atenção das duas partes e suscitar a expectativa de que uma cooperação mais frequente não deixaria de ser benéfica para a pesquisa.

Os dois temas principais que fornecem o título deste pequeno livro, o totem e o tabu, não são nele tratados da mesma forma. A análise do tabu aparece como tentativa segura e exaustiva de solução do problema. A investigação sobre o totemismo limita-se a declarar que "é isto o que a observação psicanalítica pode contribuir, no momento, para esclarecer a questão do totem". Tal diferença liga-se ao fato de que o tabu ainda subsiste entre nós; embora considerado negativamente e dirigido a outros conteúdos, ele não é outra coisa, em sua natureza psicológica, senão o "imperativo categórico" de Kant, que tende a agir coercitivamente e rejeita qualquer motivação consciente. Já o totemismo é uma instituição social-religiosa alheia à sensibilidade atual, realmente há muito abandonada e substituída por novas formas, que deixou traços mínimos na religião, nos usos e costumes dos povos civilizados de hoje, e que teve de sofrer grandes transformações mesmo nos povos que ainda a mantêm. O avanço técnico e social da história humana afetou muito menos o tabu do que o totem. Neste livro tentou-se, ousadamente, descobrir o significado original do totemismo a partir de seus traços infantis, dos indícios que reafloram no desenvolvimento de nossas crianças. A estreita relação entre totem e tabu nos leva adiante na hipótese que sustentamos; e se, enfim, esta resulta bastante improvável, esse caráter não chega a representar objeção à possibilidade de que ela se aproxime em alguma medida da realidade, de tão difícil reconstrução.

Roma, setembro de 1913.

# I
# O horror ao incesto

Conhecemos o homem pré-histórico, nos estágios de desenvolvimento que percorreu, pelos monumentos e utensílios que nos deixou, pelas informações sobre sua arte, sua religião e concepção de vida, que nos chegaram diretamente ou pela via da tradição, em lendas, mitos e fábulas, e pelos vestígios de sua mentalidade em nossos próprios usos e costumes. Além de tudo, ele ainda é, em certo sentido, nosso contemporâneo; existem homens que acreditamos ainda estar bem próximos dos primitivos, bem mais próximos do que nós, nos quais vemos, portanto, seus representantes e descendentes diretos. Assim consideramos os que são chamados de selvagens e semisselvagens, cuja vida psíquica tem especial interesse para nós, se nela pudermos reconhecer um estágio anterior e bem conservado de nossa própria evolução.

Se esta premissa for correta, uma comparação entre a "psicologia dos povos da natureza", tal como é ensinada pela etnografia, e a psicologia dos neuróticos, tal como foi revelada pela psicanálise, mostrará numerosas coincidências e nos permitirá ver sob nova luz fatos já conhecidos das duas disciplinas.

Tanto por razões externas como internas, escolherei para essa comparação as tribos que foram descritas, pelos etnógrafos, como as mais atrasadas e miseráveis, as dos aborígenes do mais novo continente, a Austrália, que também em sua fauna conservou muito de arcaico e já desaparecido em outras partes.

Os aborígenes da Austrália são vistos como uma raça particular, sem parentesco físico nem linguístico com seus vizinhos mais próximos, os povos melanésios, polinésios e malaios. Eles não constroem casas nem palhoças permanentes, não trabalham o solo, não criam animais domésticos, exceto o cão, e não conhecem nem mesmo a arte da cerâmica. Alimentam-se quase exclusivamente da carne dos animais que abatem e das raízes que desenterram. Eles desconhecem reis ou chefes, a assembleia dos homens maduros decide sobre as questões comuns. Traços de religião, na forma de adoração de seres superiores, dificilmente lhes podem ser atribuídos. As tribos do interior do continente, que lidam com as mais duras condições de vida, em virtude da escassez de água, parecem ser mais primitivas que as que moram na proximidade da costa.

Certamente não esperaremos que esses pobres canibais nus observem uma moral como a nossa em sua vida sexual, que tenham imposto a seus instintos sexuais um alto grau de limitação. Sabemos, no entanto, que estabeleceram por meta, com enorme cuidado e penosa severidade, o impedimento de relações sexuais incestuosas. De fato, toda a sua organização social parece servir a tal propósito ou estar ligada à sua realização.

No lugar das instituições sociais religiosas que não têm, acha-se entre os australianos o sistema do *totemismo*. Suas tribos dividem-se em clãs ou estirpes menores, cada qual nomeado segundo seu *totem*. Mas o que é o totem? Via de regra é um animal, comestível, inofensivo ou perigoso, temido, e mais raramente uma planta ou força da natureza (chuva, água), que tem uma relação especial com todo o clã. O totem é, em primeiro lugar, o ancestral comum do clã, mas também seu espírito protetor e auxiliar, que lhe envia oráculos, e, mesmo quando é perigoso para outros, conhece e poupa seus filhos. Os membros do clã, por sua vez, acham-se na obrigação, sagrada e portadora de punição automática, de não matar (destruir) seu totem e abster-se de sua carne (ou dele usufruir de outro modo). O caráter do totem não é inerente a um só animal ou ser individual, mas a todos da espécie. De quando em quando são celebradas festas, em que os membros do clã representam ou imitam, em danças cerimoniosas, os movimentos e as características de seu totem.

O totem é transmitido hereditariamente, por linha materna ou paterna. A primeira forma é provavelmente a original em toda parte, apenas depois sendo substituída pela segunda. A relação com o totem é o fundamento de todas as obrigações sociais para um australiano; ela se sobrepõe ao fato de pertencer a uma tribo, por um lado, e ao parentesco sanguíneo, por outro lado [Frazer].

Ele não se acha ligado a um solo ou lugar; seus membros moram separados uns dos outros e convivem pacificamente com os seguidores de outros totens.[1]

1 Este resumo tão sucinto do totemismo carece de algumas explicações e reservas. A palavra "totem" foi tomada dos peles-vermelhas norte-americanos pelo inglês J. Long, na forma "*totam*", em 1791. O objeto mesmo despertou gradualmente o interesse científico e deu origem a uma substancial literatura, na qual destaco, como obras principais, o livro em quatro volumes de J. G. Frazer, *Totemism and exogamy*, de 1910, e os livros e ensaios de Andrew Lang (*The secret of the totem*, de 1905). O mérito de haver percebido a importância do totemismo para a pré-história da humanidade pertence ao escocês J. Ferguson McLennan (1869-70). Instituições totêmicas foram ou são ainda hoje observadas também entre os índios da América do Norte, entre os povos da Oceania, na Índia Oriental e em boa parte da África. Mas alguns traços e vestígios, que de outra forma seriam difíceis de interpretar, levam a concluir que o totemismo também já existiu nos primeiros povos arianos e semitas da Europa e da Ásia, de modo que muitos pesquisadores se inclinam a nele enxergar uma fase necessária da evolução humana, universalmente percorrida.

Como chegaram os homens pré-históricos a admitir um totem, ou seja, a tornar sua descendência deste ou daquele animal o fundamento de suas obrigações sociais e, como veremos, também de suas restrições sexuais? Acerca disso há

Agora nos voltamos, enfim, para a característica do sistema totêmico que interessa também ao psicanalista. Em quase toda parte em que vigora o totem há também a lei de que *membros do mesmo totem não podem ter relações sexuais entre si, ou seja, também não podem se casar.* É a instituição da *exogamia*, ligada ao totem.

Esta proibição, severamente mantida, é bastante singular. Nada no conceito e nas características do totem, como até agora vimos, permite antecipá-la. Não se compreende, então, como foi incluída no sistema do totemismo. Por isso não nos surpreendemos quando alguns pesquisadores supõem que originalmente — no começo da história e em seu verdadeiro sentido — a exogamia nada tinha a ver com o totemismo, e foi-lhe agregada depois, sem vínculo mais

---

várias teorias, das quais o leitor alemão pode achar um sumário na *Völkerpsychologie* [Etnopsicologia], de W. Wundt (v. II, *Mythus und Religion*), mas nenhum consenso entre elas. Pretendo fazer do problema do totemismo o objeto de um estudo especial, em que buscarei solucioná-lo com o auxílio da abordagem psicanalítica.

Não apenas a teoria do totemismo é controversa, também os seus fatos mal podem ser enunciados em termos gerais, como tentei fazer acima. Quase não há afirmação a que não se tenha de acrescentar exceções ou contradições. Mas não se deve esquecer que também os povos mais primitivos e conservadores são antigos, em determinado sentido, e têm um longo passado atrás de si, no qual seu elemento original sofreu bastante desenvolvimento e deformação. De modo que hoje em dia achamos o totemismo, nos povos que ainda o exibem, nas mais diversas fases de decadência de fragmentação, de passagem para outras instituições religiosas e sociais, ou em configurações estacionárias que podem se encontrar distantes de sua natureza original. Portanto, a dificuldade está em não ser fácil decidir o que, no presente estado de coisas, pode ser visto como retrato fiel do passado significativo ou como deformação secundária do mesmo.

profundo, quando limitações ao casamento se revelaram necessárias. Como quer que seja, existe o laço entre totemismo e exogamia, e demonstra ser bastante firme.*

Na exposição precedente quase não houve oportunidade de mostrarmos que a aplicação do ponto de vista psicanalítico pode levar a uma nova compreensão dos fatos da psicologia dos povos, pois o horror ao incesto, entre os selvagens, há muito foi percebido como tal e não requer maior interpretação. O que podemos acrescentar é que ele constitui um traço peculiarmente infantil e uma notável concordância com a vida psíquica dos neuróticos. A psicanálise nos ensinou que a primeira escolha sexual do menino é incestuosa, concerne aos objetos proibidos, à mãe e à irmã, e também nos deu a conhecer as vias pelas quais ele se liberta, ao crescer, da atração do incesto. Já o neurótico representa para nós um quê de infantilismo psíquico, ele não conseguiu libertar-se das condições infantis da psicossexualidade ou reverteu a elas (inibição no desenvolvimento e regressão). Em sua vida psíquica inconsciente, então, as fixações infantis incestuosas da libido têm ainda — ou novamente — um papel determinante. Por isso chegamos a ver a relação com os pais, dominada por anseios incestuosos, como o *complexo nuclear* da neurose. O descobrimento dessa importância do incesto para a neurose depara naturalmente com a descrença geral das pessoas adultas e normais. A mesma rejeição encontram, por exemplo, os trabalhos de Otto Rank, que evidenciam cada vez mais como o tema do incesto está no âmago do interesse dos escritores, fornecendo material à poesia em incontáveis variações e distorções. Somos levados a crer que tal rejeição é, antes de tudo, um produto da

* Aqui foram omitidas outras considerações sobre tal proibição. [N.E.]

forte aversão do homem a seus antigos desejos incestuosos, desde então submetidos à repressão. Daí não carecer de importância, para nós, mostrar que os povos selvagens ainda veem como ameaçadores, e merecedores de rigorosas medidas de defesa, os desejos incestuosos humanos fadados a se tornarem inconscientes.

# II
# O tabu e a ambivalência dos sentimentos

## 1

"Tabu" é uma palavra polinésia cuja tradução nos apresenta dificuldades, pois já não possuímos o conceito por ela designado. Entre os antigos romanos ele ainda era comum, o seu *sacer* era o mesmo que o tabu dos polinésios. Também o ἄγος dos gregos e o *kodausch* dos hebreus devem ter significado o mesmo que os polinésios exprimem com "tabu", e muitos povos da América, África (Madagascar), Ásia Central e do Norte, com denominações análogas.

O significado de "tabu" se divide, para nós, em duas direções opostas. Por um lado quer dizer "santo, consagrado"; por outro, "inquietante, perigoso, proibido, impuro". O contrário de "tabu", em polinésio, é *noa*, ou seja, "habitual, acessível a todos". Assim, o tabu está ligado à ideia de algo reservado, exprime-se em proibições e restrições, essencialmente. A nossa expressão "temor sagrado" corresponde frequentemente ao sentido de "tabu".

As restrições do tabu são algo diverso das proibições religiosas ou morais. Não procedem do mandamento de um deus, valem por si mesmas; distingue-as das proibições morais o fato de não se incluírem num sistema que dá por necessárias as privações, de forma geral, e fundamenta esta necessidade. As proibições do tabu prescindem de qualquer fundamentação; têm origem desconhecida; para nós obscuras, parecem evidentes para aqueles sob o seu domínio.

Wundt afirma que o tabu é o mais antigo código de leis não escritas da humanidade. Considera-se geralmente que o tabu é mais antigo que os deuses e remonta a épocas anteriores a qualquer religião.

Como necessitamos de uma descrição imparcial do tabu, a fim de submetê-lo ao exame da psicanálise, transcrevo passagens do verbete "*Taboo*", da *Encyclopaedia Britannica*, assinado pelo antropólogo Northcote W. Thomas.

> "Propriamente falando, o tabu abrange apenas *a*) o caráter sagrado (ou impuro) de pessoas ou coisas, *b*) o tipo de proibição que resulta desse caráter, e *c*) a santidade (ou impureza) que resulta de uma violação da proibição. O contrário de tabu, na Polinésia, é *noa* e formas afins, que significam 'geral' ou 'comum'. [...]
>
> "Num sentido mais amplo, várias classes de tabu podem ser diferenciadas: 1. Tabu natural ou direto, resultado do *mana* (poder misterioso) inerente a uma coisa ou pessoa; 2. Comunicado ou indireto, igualmente resultado do *mana*, mas *a*) adquirido ou *b*) imposto por um sacerdote, chefe ou outro alguém; 3. Intermediário, em que ambos os fatores estão presentes, como na apropriação de uma mulher pelo marido [...]." O termo é também aplicado a outras restrições rituais, mas não se deve chamar de tabu aquilo que é melhor caracterizado como "interdição religiosa".
>
> "Os objetos de tabu são muitos: 1. Tabus diretos visam *a*) a proteção de pessoas importantes — chefes, sacerdotes etc. — contra qualquer dano; *b*) a salvaguarda dos fracos — mulheres, crianças e pessoas comuns em geral — em relação ao poderoso *mana* (influência mágica) dos sacerdotes e chefes; *c*) a prevenção contra os pe-

> rigos ligados à manipulação ou contato com cadáveres, ingestão de certos alimentos etc.; *d*) a garantia contra a interferência em atos vitais importantes como nascimento, iniciação, casamento e atividade sexual etc.; *e*) a proteção de seres humanos contra a ira ou o poder de espíritos e deuses; *f*) a proteção de crianças ainda não nascidas e de crianças pequenas, que têm um vínculo especialmente simpático com um ou ambos os genitores, quanto às consequências de determinadas ações, em particular quanto à transmissão de características supostamente derivadas de certos alimentos. 2. Tabus são impostos a fim de guardar de ladrões a propriedade de um indivíduo, seus campos, utensílios etc. [...]."

O castigo para a violação de um tabu era originalmente deixado para uma instância interior, de efeito automático. O tabu ferido vinga a si mesmo. Mais tarde, quando surgiram ideias de deuses e espíritos com os quais o tabu ficou associado, esperava-se que a punição viesse automaticamente do poder divino. Em outros casos, provavelmente devido a uma ulterior evolução do conceito, a própria sociedade assumiu a punição dos infratores, cuja conduta pôs em perigo os companheiros. Assim, os mais velhos sistemas penais da humanidade podem remontar ao tabu.

"A violação de um tabu torna tabu o próprio infrator. [...]." Alguns dos perigos trazidos pela violação podem ser conjurados por atos de penitência e purificação.

A fonte do tabu é atribuída a um poder mágico especial que é inerente às pessoas e espíritos e pode ser transmitido por eles através de objetos inanimados.

> "Pessoas ou coisas vistas como tabu podem ser comparadas a objetos carregados de eletricidade; são a sede de um poder tremendo, que é transmissível por contato e pode ser liberado com efeito destrutivo, se os organismos que

provocam sua descarga forem muito fracos para resistir a ele. O resultado da violação de um tabu depende, em parte, da força da influência mágica inerente ao objeto ou pessoa tabu e, em parte, da força do *mana* contrária do violador do tabu. Assim, reis e chefes são possuidores de grande poder, e significa morte para seus súditos dirigir-se a eles diretamente; mas um ministro ou outra pessoa de *mana* maior que o comum pode aproximar-se deles impunemente, e também ser abordado sem risco por seus inferiores. [...] Assim, também os tabus indiretos dependem, para sua força, do *mana* daquele que os impõe; se é um chefe ou um sacerdote, eles são mais poderosos do que aqueles impostos por uma pessoa comum. [...]"

A transmissibilidade de um tabu é, certamente, a característica que deu ensejo a que se procurasse eliminá-lo com cerimônias de expiação.

Há tabus permanentes e temporários. Sacerdotes e chefes são dos primeiros, assim como pessoas mortas e tudo a elas relacionado. Tabus temporários ligam-se a certos estados, como a menstruação e o parto, aos guerreiros antes e depois das expedições, às atividades de caça e pesca etc. Um tabu geral pode ser instituído sobre uma região inteira, como uma interdição eclesiástica, e durar anos e anos.

Se avalio corretamente a impressão de meus leitores, creio poder afirmar que, após toda essa comunicação sobre o tabu, eles não sabem exatamente o que entender por isso e onde abrigá-lo em seu pensamento. Isto é, sem dúvida, consequência da informação insuficiente que de mim receberam, e da ausência de qualquer discussão sobre o nexo entre o tabu e a superstição, a crença nas almas e a religião. Por outro lado, receio que uma apresentação mais detalhada do que sabemos sobre o tabu tivesse um efeito ainda mais confuso, e posso garantir que a situação é realmente obscura. Trata-se, então, de toda uma série de restrições a que se submetem esses povos. Isso ou aquilo é proibido, não sabemos por quê, e também não lhes ocorre fazer a pergunta; eles apenas as cumprem como algo óbvio, e estão convencidos de que uma transgressão será punida automaticamente, de forma severa. Há relatos confiáveis de que a inadvertida desobediência a essa proibição foi realmente punida de forma automática. O inocente infrator — que comeu de um animal para ele proibido, por exemplo — fica profundamente deprimido, aguarda sua morte e então morre de fato. A maioria das proibições diz respeito à capacidade de fruição, à liberdade de movimento e comunicação. Em muitos casos parecem dotadas de sentido, indicam evidentemente certas abstinências e renúncias; em outros casos são de teor incompreensível, contemplam detalhes sem valor, parecem de natureza inteiramente cerimonial. Por trás de todas essas proibições parece haver uma teoria, como se fossem necessárias porque certas coisas e pessoas detêm uma força perigosa que se transmite pelo contato com elas, quase como um contágio. Também a quantidade dessa perigosa característica entra em consideração. Uma coisa ou pessoa tem mais dela do que outra, e o perigo varia conforme a diferença entre as cargas. O mais singular é que quem chega a violar uma proibição dessas adquire ele mesmo a característica do que é proibido, como que assumindo toda a perigosa carga. Tal força é inerente a todos os que são algo especial, como reis, sacerdotes, recém-nascidos, a todas as condições excepcionais, como os estados físicos da menstruação, da puberdade, do nascimento, a tudo o que é inquietante, como a doença e a morte, e ao que a eles se relaciona por força de contágio ou difusão.

Mas "tabu" é igualmente tudo, tanto as pessoas como os lugares, objetos e estados passageiros, que são depositários ou fonte dessa misteriosa característica. Também se chama tabu a proibição que deriva dessa característica;

é denominado tabu, enfim, conforme seu sentido literal, algo simultaneamente sagrado, acima do habitual, e perigoso, impuro, inquietante.

Nessa palavra e no sistema que ela designa se exprime algo da vida psíquica, algo cujo entendimento ainda não está ao nosso alcance. Antes de tudo, parece difícil nos aproximarmos desse entendimento sem examinar a crença em espíritos e demônios, peculiar a essas culturas tão remotas.

Mas por que devemos voltar nosso interesse para o enigma do tabu? Acho que não apenas porque todo problema psicológico é digno de uma tentativa de solução, mas também por outros motivos. Suspeitamos que o tabu dos selvagens polinésios não se acha tão longe de nós como pensávamos inicialmente, que as proibições morais e tradicionais a que obedecemos poderiam ser essencialmente aparentadas a esse tabu primitivo, e que o esclarecimento do tabu lançaria luz sobre a obscura origem de nosso próprio "imperativo categórico".

Portanto, é com atenção plena de expectativa que veremos o que nos diz um estudioso como Wilhelm Wundt acerca do tabu, tanto mais porque ele promete "remontar às raízes últimas da ideia de tabu".

De acordo com Wundt, o conceito de tabu "abrange todos os costumes em que se exprime o temor ante certos objetos ligados às ideias de culto ou ante as ações que a elas se referem".

Numa outra passagem: "Se entendemos por isso [por tabu], em correspondência com o sentido geral da palavra, toda proibição, estabelecida nos usos e costumes ou em leis expressamente formuladas, de tocar num objeto, reivindicá-lo para uso próprio ou utilizar certas palavras proibidas [...]", então não existe povo e estágio de cultura que tenha escapado aos danos do tabu.

Wundt expõe, em seguida, por que lhe parece mais adequado estudar a natureza do tabu nas primitivas circunstâncias dos selvagens australianos do que na cultura mais elevada dos povos polinésios. Nos australianos ele divide as proibições do tabu em duas classes, conforme atinjam animais, seres humanos ou outros objetos. O tabu dos animais, que consiste essencialmente na proibição de matar e devorar, forma o núcleo do totemismo. O tabu da segunda espécie, que tem os homens por objeto, é de caráter essencialmente outro. Limita-se de antemão a condições que implicam uma situação de vida excepcional para o alvo do tabu. Assim, rapazes são tabu nas festas de iniciação masculina, mulheres são tabu durante a menstruação e imediatamente após o parto, e também recém-nascidos, doentes e, sobretudo, os mortos. A propriedade de um homem que ele usa continuamente é um permanente tabu para qualquer outro: suas roupas, armas e utensílios. Também é parte da propriedade mais pessoal o novo nome que um garoto recebe na sua iniciação, ele é tabu e tem de permanecer em sigilo. Os tabus do terceiro tipo, que recaem sobre árvores, plantas, casas, lugares, são variáveis, parecendo seguir apenas a regra de que está sujeito ao tabu aquilo que, por algum motivo, provoca temor ou é inquietante.

As mudanças que o tabu experimenta na cultura mais rica dos polinésios e do arquipélago malaio não são profundas, como admite o próprio Wundt. A maior diferenciação social existente nesses povos mostra-se no fato de que reis e sacerdotes exercem um tabu especialmente eficaz e são eles próprios sujeitos a uma maior coerção do tabu.

Mas as verdadeiras fontes do tabu devem ser buscadas mais profundamente do que nos interesses das classes privilegiadas; "eles brotam ali onde os mais primitivos e mais duradouros instintos humanos têm sua origem, *no temor à ação dos poderes demoníacos*" [Wundt]. "Não sendo, originalmente, senão o temor objetivado do poder demoníaco que se supõe oculto no objeto 'tabuizado', o tabu proíbe irritar esse poder, e ordena que, onde este tenha sido provocado, deliberadamente ou não, a vingança do demônio seja afastada."

Pouco a pouco, então, o tabu torna-se um poder fundamentado em si mesmo, independente do demonismo. Torna-se a coerção do costume e da tradição e, enfim, da lei. "Mas o mandamento implícito por trás das proibições do tabu, que tanto variam conforme o tempo e o lugar, é originalmente um só: 'Guarda-te da ira dos demônios'."

Wundt afirma, portanto, que o tabu é expressão e derivação da crença dos povos primitivos em poderes demoníacos. Mais tarde libertou-se dessa raiz e continuou sendo um poder simplesmente porque o era, devido a uma espécie de obstinação psíquica; assim tornou-se ele a raiz de nossos mandamentos morais e nossas leis. Embora a primeira dessas afirmações não possa convidar a objeções, acredito estar exprimindo o sentimento de muitos leitores ao qualificar como decepcionante a explicação de Wundt. Pois certamente isto não significa ir às fontes do tabu ou desvendar suas raízes últimas. Na psicologia, o medo ou os demônios não podem ser considerados coisas últimas, além das quais seja impossível remontar. Seria diferente se os demônios realmente existissem; mas sabemos que, como os deuses, são criações das forças psíquicas humanas; foram criados por algo e a partir de algo.

Acerca do duplo sentido do tabu, Wundt exprime opiniões significativas, mas não inteiramente claras. Nos primórdios do tabu ainda não há uma divisão entre *sagrado* e *impuro*, segundo ele. Justamente por isso tais conceitos não têm o significado que adquiriram depois, quando se tornaram opostos. O animal, o ser humano, o local em que há um tabu são demoníacos, não sagrados, e, portanto, não ainda impuros no sentido posterior. Precisamente para esse significado ainda indiferente e mediano de "demoníaco", "que não pode ser tocado", é apropriado o termo "tabu", pois sublinha um traço que, afinal, sempre permanecerá comum ao sagrado e ao impuro: o temor de seu contato. Mas nessa persistência de um importante traço comum se acha, ao mesmo tempo, um indício de que entre os dois âmbitos há uma concordância original, que apenas devido a condições ulteriores deu lugar a uma diferenciação, mediante a qual os dois finalmente se desenvolveram até se tornar opostos.

A crença, própria do tabu original, num poder demoníaco que se acha oculto no objeto e que, se este é tocado ou usado ilicitamente, vinga-se com o enfeitiçamento do infrator, nada é senão o medo objetivado. Este ainda não se ramificou nas duas formas que assume num estágio desenvolvido: a *veneração* e o *horror*.

Mas como surge esta separação? Segundo Wundt, pelo transplante dos preceitos do tabu — do âmbito dos demônios para o dos deuses. A oposição de sagrado e impuro coincide com a sucessão de dois estágios mitológicos, dos quais o primeiro não desaparece inteiramente quando o seguinte é alcançado, mas subsiste como algo inferior que é cada vez mais acompanhado de desprezo. Na mitologia vale geralmente a lei de que um estágio anterior, precisamente porque é superado e impelido para trás pelo superior, subsiste ao lado desse em forma degradada, de modo que os objetos de sua veneração transformam-se em objetos de horror [Frazer].

As demais considerações de Wundt abordam a relação do tabu com a limpeza e o sacrifício.

## 2

Quem aborda o problema do tabu a partir da psicanálise, isto é, da investigação da parcela inconsciente na vida psíquica individual, logo se dá conta, após breve reflexão, de que esses fenômenos não lhe são desconhecidos. Pois sabe de pessoas que individualmente criaram para si proibições de tabu, e que as seguem de forma tão rigorosa como os selvagens obedecem às que são comuns à sua tribo ou sociedade. Se não estivesse habituado a designar tais pessoas como “doentes obsessivos”, acharia apropriado o nome de “doença do tabu” para seu estado. Mas tanto aprendeu, com a pesquisa psicanalítica, sobre esse distúrbio obsessivo, sua etiologia clínica e o essencial do mecanismo psíquico, que não pode se furtar a utilizar isso no esclarecimento do fenômeno etnopsicológico correspondente.

Uma advertência deve ser feita quanto a essa tentativa. A semelhança do tabu com o transtorno obsessivo pode ser apenas externa, valer para as formas em que se manifestam, não se estendendo à sua essência. A natureza gosta de empregar as mesmas formas nos mais diversos contextos biológicos, por exemplo, em formações de corais e em plantas, e mesmo em certos cristais ou precipitados químicos. Seria claramente prematuro e pouco auspicioso tomar tais coincidências, que se devem a uma similitude de condições mecânicas, como base para inferências relativas a uma afinidade interna. Teremos presente esse aviso, mas não deixaremos de fazer a comparação pretendida por causa dessa possibilidade.

A primeira e mais óbvia coincidência das proibições obsessivas (dos neuróticos) com o tabu está em que são igualmente desprovidas de motivação e enigmáticas em sua origem. Apareceram um belo dia e têm de ser observadas, devido a um medo invencível. É desnecessária uma ameaça de castigo externa, pois há uma certeza interna (uma consciência) de que a transgressão ocasionará uma intolerável desgraça. O máximo que um doente obsessivo pode comunicar é o vago pressentimento de que uma determinada pessoa de seu ambiente será prejudicada por tal transgressão. Não se sabe qual será este prejuízo, e mesmo essa pouca informação é obtida mais por ocasião dos atos expiatórios e defensivos, sobre os quais falaremos depois, do que das proibições mesmas.

Como no tabu, a interdição principal e núcleo da neurose é a de contato, daí o nome "medo do toque", *délire de toucher.* A proibição se estende não só ao contato direto com o corpo, abrangendo o que designamos, em linguagem figurada, com a expressão "entrar em contato". Tudo que dirige os pensamentos para a coisa proibida, que produz um contato em pensamento com ela, é proibido tanto quanto o contato físico direto. A mesma abrangência é encontrada no tabu.

O propósito de algumas proibições é facilmente compreensível; já outras nos parecem ininteligíveis, tolas, absurdas. Essas últimas nós qualificamos de "cerimoniais", e vemos que as práticas do tabu fazem a mesma distinção.

As proibições obsessivas têm a característica de serem extremamente deslocáveis, estendem-se de um objeto a outro por meio de qualquer conexão e tornam também esse novo objeto "impossível", na expressão feliz de uma paciente. Esta impossibilidade termina por invadir o mundo inteiro. Os doentes obsessivos agem como se as pessoas e coisas "impossíveis" fossem portadoras de uma infecção perigosa, pronta a transmitir-se para tudo em volta mediante o contato. Ao descrever as proibições do tabu já sublinhamos esses atributos de capacidade de contágio e transmissibilidade. Também sabemos que quem infringiu um tabu ao tocar em algo que é tabu torna-se ele próprio tabu e ninguém pode entrar em contato com ele.

Porei lado a lado dois exemplos de transferência (ou melhor, deslocamento) de proibição; um é tirado da vida dos maori; o outro, da minha observação de uma doente obsessiva.

"Um chefe maori não aviva um fogo com seu sopro, pois seu alento sagrado comunicaria sua força ao fogo, e este à panela que está no fogo, a panela ao alimento

dele. Não houvesse esse fator psicológico, uma ambivalência não poderia manter-se tão longamente nem levar a tais consequências.

Na história clínica do caso, enfatizamos como algo decisivo que a proibição ocorresse tão cedo na infância; na configuração ulterior, esse papel cabe ao mecanismo da repressão nessa faixa de idade. Devido à repressão havida, que se liga a um esquecimento — amnésia —, o motivo da proibição tornada consciente permanece desconhecido e fracassam todas as tentativas de decompô-la intelectualmente, desde que não acham o ponto em que poderiam atacá-lo. A proibição deve sua força — seu caráter obsessivo — justamente à relação com sua contrapartida inconsciente, o desejo oculto e não amortecido, ou seja, uma necessidade interna, inacessível à compreensão consciente. E sua transmissibilidade e capacidade de expansão refletem um processo que combina com o desejo inconsciente e é particularmente facilitado pelas condições psicológicas do inconsciente. O desejo instintual desloca-se constantemente, a fim de escapar ao cerco em que se acha, e procura obter sucedâneos para o proibido — objetos substitutos e ações substitutas. Por isso também a proibição se move, estendendo-se aos novos alvos do impulso proibido. A proibição responde a cada novo avanço da libido reprimida com um novo aguçamento. A mútua inibição dos dois poderes conflitantes produz uma necessidade de descarga, de arrefecimento da tensão dominante, em que podemos reconhecer os motivos das ações obsessivas. Estas são, na neurose, nítidas ações de compromisso, de um lado testemunhos de arrependimento, esforços de expiação etc.; de outro, ações substitutas, que compensam o instinto pelo que foi proibido. É uma lei do adoecimento neurótico que tais ações obsessivas estejam cada vez mais a serviço do instinto e se aproximem cada vez mais da ação proibida originalmente.

Façamos agora a tentativa de abordar o tabu como se fosse da mesma natureza que uma proibição obsessiva de nossos doentes. Deixemos claro, já de antemão, que muitas das proibições de tabu consideradas são de tipo secundário, deslocado e deformado, e que devemos ficar satisfeitos em lançar alguma luz sobre os tabus mais originais e significativos. Além disso, as diferenças entre a situação dos selvagens e a dos neuróticos podem ser importantes o suficiente para excluir uma total concordância, para impedir uma transposição de um para o outro que equivalesse a uma cópia exata.

Diremos, em primeiro lugar, que não faz sentido perguntar aos selvagens pelo verdadeiro motivo de suas proibições, pela gênese do tabu. De acordo com nossa premissa, eles são incapazes de informar algo acerca disso, pois tal motivo lhes é "inconsciente". Mas podemos reconstruir a história do tabu segundo o modelo das proibições obsessivas. Os tabus seriam proibições antiquíssimas, impostas uma vez a uma geração de homens primitivos, ou seja, neles inculcadas violentamente pela geração anterior. Tais proibições recaíram sobre atividades para as quais havia um forte pendor. Elas então foram mantidas de geração em geração, talvez simplesmente devido à tradição, levada pela autoridade dos pais e da sociedade. Mas talvez já tenham se "organizado", dentro das organizações posteriores, como parte do patrimônio psíquico herdado. Quem pode decidir, no caso em questão, quanto à existência ou não de tais "ideias inatas", e se elas determinaram a fixação do tabu, sozinhas ou juntamente com a educação? Mas uma coisa certamente resultou da permanência do tabu: o desejo original de fazer o proibido continua a existir nos povos em que há o tabu. Eles têm, em relação a tais proibições, uma *atitude ambivalente*; nada gostariam mais de fazer, em seu inconsciente, do que infringi-las, mas também têm receio disso; receiam justamente porque querem, e o temor é mais forte que o desejo. No entanto, o desejo é inconsciente em cada indivíduo desse povo, tal como no neurótico.

As mais antigas e importantes proibições do tabu são as duas leis fundamentais do totemismo: não liquidar o animal totêmico e evitar relações sexuais com os indivíduos do mesmo totem que são do sexo oposto.

Esses devem ser, então, os mais antigos e poderosos apetites humanos. Não podemos compreender isso, nem verificar nossa premissa com base nesses exemplos, enquanto o sentido e a origem do sistema totêmico nos forem tão desconhecidos. Mas, para quem conhece os resultados da investigação psicanalítica do indivíduo, o próprio enunciado desses dois tabus e o fato de andarem juntos lembrarão algo bastante definido, que os psicanalistas veem como o ponto nodal dos desejos infantis e como núcleo da neurose.

A variedade das manifestações do tabu, que levou às tentativas de classificação já mencionadas, reduz-se para nós a uma unidade: o fundamento do tabu é uma ação proibida, para a qual há um forte pendor no inconsciente.

Sabemos, sem o compreender, que quem faz o proibido, quem viola o tabu, torna-se ele mesmo tabu. Mas como harmonizar esse fato com aquele outro, de o tabu se ligar não apenas a pessoas que fizeram algo proibido, mas também às que se acham em estados especiais, a esses estados mesmos e a coisas impessoais? Que perigosa característica pode ser esta, que é sempre a mesma em todas essas diferentes condições? Apenas uma: a de atiçar a ambivalência do ser humano e levá-lo à *tentação* de infringir o tabu.

O indivíduo que violou um tabu torna-se ele mesmo tabu, porque tem o perigoso atributo de tentar outros a seguir seu exemplo. Ele provoca inveja; por que lhe deveria ser permitido o que a outros é proibido? Ele é, portanto, realmente *contagioso*, na medida em que todo exemplo convida à imitação, e por isso tem de ser evitado.

Mas um indivíduo pode não ter violado um tabu e, no entanto, ser tabu de forma duradoura ou transitória, por encontrar-se num estado que tem o atributo de estimular os desejos proibidos dos outros, de neles despertar o conflito da ambivalência. A maioria das posições e estados excepcionais é desse tipo e tem essa perigosa força. O rei ou chefe provoca inveja de suas prerrogativas; cada um poderia gostar de ser rei. Os mortos, os recém-nascidos, as mulheres menstruadas ou em trabalho de parto exercem atração devido a seu particular desamparo; os indivíduos que se tornam sexualmente maduros, devido às novas fruições que prometem. Por isso todas essas pessoas e estados são tabu, pois não é permitido ceder à tentação.

Agora compreendemos também por que as energias do *mana* de pessoas diversas podem ser subtraídas umas das outras e, em parte, canceladas. O tabu de um rei é forte demais para seu súdito, porque a diferença social entre eles é muito grande. Mas um ministro pode ser o inofensivo intermediário entre os dois. Isto significa, transposto da linguagem do tabu para a da psicologia normal: o súdito, que teme a formidável tentação do contato com o rei, pode suportar o trato com o funcionário que não precisa invejar tanto, e cuja posição talvez venha a alcançar. Já o ministro pode atenuar sua inveja do rei pela consideração do poder que ele próprio exerce. Assim, diferenças pequenas na força mágica que induz à tentação são de temer menos do que as especialmente grandes.

Fica igualmente claro por que a violação de determinados tabus envolve um perigo social, que tem de ser conjurado ou expiado por todos os membros da sociedade, a fim de não prejudicar a todos. Se substituímos os desejos inconscientes pelos impulsos conscientes, tal perigo existe realmente. Ele consiste na possibilidade da imitação, em virtude da qual a sociedade logo se desagregaria. Deixando impune a violação, os outros se dariam conta de querer agir da mesma forma que o transgressor.

Não deve nos surpreender o fato de, nas proibições do tabu, o contato desempenhar papel semelhante ao que tem no *délire de toucher*, apesar de o sentido oculto da proibição, no tabu, não poder ser específico como é na neurose. O contato é o começo de todo controle, de toda tentativa de servir-se de uma coisa ou pessoa.

Traduzimos a força de contágio própria do tabu em sua capacidade de induzir à tentação, de incitar à imitação. O que não parece coadunar-se com o fato de a natureza contagiosa do tabu manifestar-se principalmente na transmissão a objetos, que assim tornam-se eles mesmos portadores do tabu.

Essa transmissibilidade do tabu reflete a inclinação do impulso inconsciente, demonstrada na neurose, de constantemente deslocar-se para novos objetos por vias associativas. Desse modo percebemos que a força mágica do *mana* corresponde a duas faculdades mais reais, a aptidão de lembrar ao ser humano os seus desejos proibidos e aquela, aparentemente mais significativa, de induzi-lo a transgredir a proibição em obediência a tais desejos. Mas as duas funções conjugam-se novamente numa só, se supomos que na psique primitiva o despertar da lembrança do ato proibido se acha também ligado ao despertar da tendência a realizá-lo. Então coincidem novamente a lembrança e a tentação. É preciso também admitir que, se o exemplo de alguém que violou uma proibição induz um outro a fazer o mesmo, a desobediência à proibição propaga-se como um contágio, assim como o tabu transfere-se de uma pessoa para um objeto e deste para outro.

Se a violação do tabu pode ser reparada mediante uma expiação ou penitência, que significam a *renúncia* a algum bem ou alguma liberdade, isso vem demonstrar que a obediência aos preceitos do tabu era ela mesma uma renúncia a algo que se desejaria. A inobservância de uma renúncia é contrabalançada por uma renúncia em outro lugar. Isso nos faz concluir que nas cerimônias do tabu a penitência é algo mais primordial que a purificação.

Vamos resumir que compreensão do tabu obtivemos ao equipará-lo à proibição obsessiva do neurótico. O tabu é uma proibição antiquíssima, imposta do exterior (por uma autoridade) e voltada contra os mais fortes desejos do ser humano. A vontade de transgredi-lo continua a existir no inconsciente; aqueles que obedecem ao tabu têm uma postura ambivalente quanto ao alvo do tabu. A força mágica a ele atribuída remonta à capacidade de induzir em tentação; ela age como um contágio, porque o exemplo é contagioso, e porque o desejo proibido desloca-se para outra coisa no inconsciente. Expiar a violação do tabu com uma renúncia mostra que na base da obediência ao tabu se acha uma renúncia.

## 3

Agora queremos saber que valor pode ser atribuído à nossa equiparação entre o tabu e a neurose obsessiva e à concepção do tabu que obtivemos com base nessa equiparação. Tal valor, evidentemente, existirá apenas se nossa concepção mostrar uma vantagem que outras não têm, se nos permitir uma compreensão melhor do tabu. Somos tentados a dizer que já oferecemos prova dessa utilidade nas páginas precedentes; mas teremos de buscar fortalecê-la, explicando em detalhes os costumes e as proibições do tabu.

Há também outro caminho diante de nós. Podemos investigar se uma parte dos pressupostos da neurose que transferimos para o tabu, ou das conclusões a que assim chegamos, não seria verificável diretamente nos fenômenos do tabu. Devemos decidir o que queremos buscar. Naturalmente não é suscetível de prova a afirmação relativa à gênese do tabu, segundo a qual ele se originou de uma proibição antiquíssima, que um dia foi imposta do exterior. Então procuraremos confirmar se as determinantes psicológicas do tabu são as mesmas que conhecemos da neurose obsessiva. Como chegamos, no caso da neurose, ao conhecimento desses fatores psicológicos? Pelo estudo analítico dos sintomas, principalmente dos atos obsessivos, medidas de defesa e obrigações obsessivas. Neles encontramos os melhores indícios de que derivam de impulsos ou tendências *ambivalentes*, seja correspondendo a um desejo e a um contradesejo simultaneamente, ou estando predominantemente a serviço de uma das duas tendências opostas. Se conseguirmos mostrar também nas prescrições do tabu a ambivalência, o governo de tendências contrárias, ou achar entre elas algumas que deem expressão simultânea às duas correntes, à maneira das ações obsessivas, a concordância psicológica entre o tabu e a neurose obsessiva estará garantida no aspecto mais importante.

As duas proibições fundamentais do tabu são inacessíveis à nossa análise, como afirmei, por fazerem parte do totemismo. Outras injunções do tabu são de origem secundária e, portanto, inúteis para a nossa finalidade. Pois nos povos em questão o tabu veio a ser a forma comum de legislação, entrando a serviço de tendências sociais certamente mais novas que ele mesmo, como, por exemplo, os tabus impostos por chefes e sacerdotes a fim de assegurar privilégios e bens para si. Mas ainda resta um considerável grupo de preceitos que podemos utilizar em nossa investigação. Nele destacarei os tabus relativos *a*) aos *inimigos*, *b*) aos *chefes*, *c*) aos *mortos*; e extrairei o material a ser examinado da excelente coleção reunida por J. G. Frazer em sua grande obra *The golden bough* [O ramo de ouro].[5]

5 Terceira edição, parte II, *Tabu and the perils of the soul*, 1911.

a) O tratamento dos inimigos

Se tendemos a atribuir aos povos selvagens e semisselvagens uma crueldade desinibida e implacável ante os inimigos, ficaremos surpresos em saber que entre eles o homicídio obriga à observância de uma série de prescrições, incluídas entre as práticas do tabu. Tais prescrições são facilmente divididas em quatro grupos: 1. reconciliação com o inimigo morto, 2. restrições, 3. atos de expiação e purificação do homicida, e 4. determinadas medidas cerimoniais. As informações insuficientes que temos não permitem afirmar seguramente até que ponto são generalizadas ou não essas práticas do tabu nesses povos, o que, por outro lado, não faz diferença para o objetivo de nosso estudo. É lícito supor, de todo modo, que são práticas bastante difundidas, e não peculiaridades isoladas.

Os ritos de *apaziguamento* na ilha de Timor, quando uma expedição guerreira retorna vitoriosa com as cabeças dos inimigos vencidos, são particularmente significativos, pois, além de tudo, o líder da expedição é submetido a severas restrições (ver adiante). Por ocasião do retorno, são feitos sacrifícios para apaziguar as almas dos inimigos.

> "Eles acham que um infortúnio acometeria os vencedores, se não houvesse tais oferendas. Além disso, parte da cerimônia consiste numa dança acompanhada de um canto, em que se lamenta a morte do homem abatido e se pede o seu perdão. 'Não tenha raiva', dizem, 'porque estamos com sua cabeça; se não tivéssemos tido sorte, nossas cabeças estariam agora em sua aldeia. Oferecemos o sacrifício para apaziguá-lo. Seu espírito pode agora descansar e nos deixar em paz. Por que foi nosso inimigo? Não seria melhor se tivéssemos sido amigos? Então seu sangue não teria sido derramado e sua cabeça não teria sido cortada'." [Frazer]

Algo semelhante se acha entre os palus, em Celebes. "Os gallas [da África Oriental] sacrificam aos espíritos de seus inimigos abatidos, ao retornar da guerra, antes de reentrar em suas casas" (segundo Paulitschke, *Ethnographie Nordostafrikas* [Etnografia do nordeste da África]).

Outros povos acharam um meio de transformar em amigos, guardiões e benfeitores os inimigos mortos. Ele consiste no tratamento afetuoso das cabeças cortadas, como várias tribos selvagens de Bornéu se gabam de fazer. Quando os dayaks do mar, de Sarawak, voltam da guerra com uma cabeça, durante meses ela é tratada com amabilidade extrema, com os mais carinhosos nomes de que dispõe a língua dos vitoriosos. Os melhores bocados das refeições lhe são colocados na boca, assim como iguarias e charutos. Repetidamente lhe pedem para odiar seus amigos de antes e amar seus novos anfitriões, pois agora é um deles. Seria um erro pensar que esse tratamento, para nós abominável, deve ser parcialmente atribuído ao sarcasmo [Frazer].

Em várias tribos selvagens da América do Norte, chamou a atenção de observadores o luto pelo inimigo abatido e escalpelado. Quando um índio choctaw matava um inimigo, começava para ele um luto de meses, no qual se submetia a duras restrições. Os dakotas guardavam luto da mesma forma. Depois que os osagens haviam pranteado seus mortos, afirma uma testemunha, "pranteavam também o inimigo, como se fosse um amigo" [J. O. Dorsay, apud Frazer].

Antes de abordar os outros tipos de tabu no tratamento de inimigos, devemos lidar com uma provável objeção. Pode ser argumentado, com base em Frazer e outros autores, que o motivo desses preceitos para a reconciliação é simples e nada tem a ver com "ambivalência". Esses povos são dominados por um supersticioso medo dos espíritos dos homens abatidos, um medo que também não era desconhecido da Antiguidade clássica, e que Shakespeare pôs em cena com as alucinações de Macbeth e Ricardo III. Todos esses preceitos de reconciliação decorrem naturalmente desta superstição, e assim também as restrições e expiações que examinaremos mais adiante. A favor dessa concepção há também as cerimônias do quarto grupo, que podem ser explicadas apenas como esforços para afastar os espíritos das vítimas, que perseguem os assassinos [Frazer]. Além do mais, os selvagens admitem abertamente o seu temor dos espíritos dos inimigos mortos, e relacionam eles próprios a esse temor as práticas que examinamos.

De fato, essa objeção é provável e, se fosse também satisfatória, poderíamos nos poupar a tentativa de explicação. Deixemos para lidar com ela mais tarde, apenas lhe opondo, neste momento, a concepção que advém das premissas da discussão anterior sobre o tabu. O que concluímos de todos esses preceitos é que não apenas impulsos hostis são manifestos na atitude para com os inimigos. Neles também enxergamos expressões de arrependimento, de apreciação do inimigo, de má consciência por ter-lhe tirado a vida. Quer nos parecer que também nesses selvagens está vivo o mandamento "Não matarás", que não pode ser violado impunemente, muito antes de qualquer legislação comunicada por um deus.

Retornemos agora aos outros tipos de preceitos tabu. As *restrições* impostas ao homicida vitorioso são bastante frequentes e, em geral, severas. Em Timor (cf. os ritos de apaziguamento, acima), o líder da expedição não pode simplesmente voltar para sua casa. É construída uma cabana especial para ele, na qual passa dois meses observando diversos preceitos de purificação. Durante esse tempo não pode ver sua mulher nem alimentar a si próprio, outra pessoa tem de pôr a comida em sua boca [Frazer]. — Em algumas tribos dayaks, os que retornam de uma expedição guerreira vitoriosa têm de permanecer isolados por alguns dias e privar-se de determinados alimentos, e também não podem tocar em comida com as próprias mãos nem se aproximar de suas mulheres. — Em Logea, uma ilha próxima da Nova Guiné, homens que mataram inimigos ou participaram da campanha ficam reclusos em suas casas por uma semana. Evitam encontrar suas mulheres e seus amigos, deixam de tocar alimentos com suas mãos e nutrem-se apenas de plantas que lhes são cozidas em recipientes adequados. O motivo para essa restrição, afirma-se, é que eles não podem cheirar o sangue dos que foram abatidos, senão ficariam doentes e morreriam. — Na tribo toaripi ou motumotu, em Nova Guiné, um homem que matou outro não pode chegar perto de sua esposa nem tocar a comida com seus dedos. É alimentado por outras pessoas com comida especial. Isso dura até a lua nova seguinte.

Deixarei de mencionar todos os casos de restrições ao vencedor homicida apresentados por Frazer, destacando apenas os exemplos em que o caráter de tabu é pronunciado ou a restrição vem acompanhada de expiação, purificação e atos cerimoniais.

Entre os monumbos, na Nova Guiné alemã, todo aquele que matou um inimigo na guerra torna-se "impuro", a mesma palavra usada para mulheres na menstruação ou no puerpério. Ele "tem de ficar na casa dos homens durante muito tempo, enquanto os demais habitantes da aldeia se juntam ao seu redor e celebram sua vitória com danças e cantos. Ele não pode tocar em ninguém, nem mesmo em sua própria mulher e seus filhos; se tocasse neles, acredita-se que ficariam cobertos de feridas. Ele fica novamente limpo com o banho e outras formas de purificação" [ibid.].

"Entre os natchez, na América do Norte, os jovens guerreiros que haviam tirado seus primeiros escalpos eram obrigados a observar certas regras de abstinência por seis meses. Eles não podiam dormir com suas mulheres nem comer carne; seu único alimento era peixe e papa de milho [...]. Quando um choctaw matava um inimigo e tirava seu escalpo, guardava luto por um mês, durante o qual não podia pentear o cabelo, e, se sentia comichão na cabeça, podia coçá-la apenas com uma varinha que usava presa ao punho." [ibid.]

"Quando um índio pima matava um apache, tinha de passar por duras cerimônias de purificação e reparação. Num jejum que durava dezesseis dias, não podia tocar em carne ou sal, olhar para um fogo a arder ou falar com um ser humano. Ficava só na floresta, assistido por uma velha, que lhe levava sua parca ração. Banhava frequentemente no rio e (em sinal de luto) mantinha a cabeça coberta de lama. No 17º dia havia uma cerimônia pública de purificação solene do homem e de suas armas. Como os índios pimas levavam o tabu do homicida muito mais a sério do que os inimigos e não adiavam a expiação e purificação até o fim da expedição, como eles, sua eficácia guerreira era bastante prejudicada por sua severidade moral, ou piedade, se preferirmos o termo. Não obstante sua extrema coragem, os americanos encontraram neles aliados insatisfatórios nas operações contra os apaches." [ibid.]

Embora sejam interessantes, para um exame mais aprofundado, as particularidades e as variantes das cerimônias de expiação e purificação após o assassinato de um inimigo, interrompo aqui a exposição delas, porque não nos oferecem novas perspectivas. Devo apenas lembrar que o isolamento temporário ou permanente do carrasco profissional, que se conservou até os tempos modernos, inscreve-se nesse contexto. A posição do verdugo na sociedade medieval nos transmite uma boa ideia do "tabu" dos selvagens [Frazer].

* * *

Na explicação corrente para todos esses preceitos de apaziguamento, restrição, penitência e purificação combinam-se dois princípios: a extensão do tabu do morto a tudo o que entrou em contato com ele e o medo do espírito do morto. De que modo esses dois fatores devem ser combinados para explicar as cerimônias, se devem ser encarados como de igual valor, se um deles é primário e o outro secundário, e qual seria este e aquele — nenhuma dessas questões é respondida e, de fato, não é fácil respondê-las. Quanto a nós, enfatizamos a unidade de nossa concepção, ao derivar todos esses preceitos da ambivalência emocional ante o inimigo.

b) O tabu dos soberanos

A atitude dos povos primitivos ante seus chefes, reis e sacerdotes é regida por dois princípios básicos, que parecem antes se complementar que se contradizer. É necessário protegê-los, mas também proteger-se deles [Frazer]. Os dois fins são obtidos mediante um sem-número de preceitos. Já sabemos por que é preciso guardar-se dos senhores: porque são portadores daquela misteriosa e perigosa força mágica que se transmite por contato e ocasiona morte e ruína para aquele que não é protegido por carga semelhante. Evita-se, então, qualquer contato direto ou indireto com a perigosa santidade e, quando isso não pode ser evitado, cria-se um cerimonial para afastar as consequências temidas. Os nubas da África Oriental, por exemplo, "creem que morrerão se entrarem na casa do rei-sacerdote; no entanto, podem se furtar ao castigo pela intrusão, se desnudarem o ombro esquerdo ao entrar e conseguirem que o rei ponha sua mão sobre ele" [ibid.]. Assim ocorre o fato notável de o toque do rei vir a ser remédio e proteção contra os perigos decorrentes do contato com o rei, mas certamente há o contraste entre o poder curativo do toque intencional, por parte do rei, e o perigo de ele ser tocado, o contraste entre passividade e atividade para com o rei.

No que se refere ao efeito curativo do contato real, não precisamos buscar exemplos nos povos selvagens. Em épocas não tão remotas, os reis da Inglaterra exerceram tal poder no caso da escrofulose, que, por isso, recebeu o nome de *The King's Evil* [o mal do rei]. Nem a rainha Elizabeth nem os que a sucederam deixaram de utilizar essa prerrogativa real. Diz-se que Carlos I, no ano de 1633, curou cem doentes de uma só vez. No reinado de seu dissoluto filho, Carlos II, depois de superada a Grande Revolução inglesa, as curas reais de escrofulose alcançaram o clímax.

Durante o seu governo, esse rei teria tocado em cerca de 100 mil escrofulosos. A multidão dos que buscavam a cura costumava ser tão grande que, numa ocasião, seis ou sete deles obtiveram, em vez da cura pelo rei, a morte por sufocamento. O cético Guilherme II de Orange, tornado rei da Inglaterra após a expulsão dos Stuarts, recusou-se a exercer a magia; na única vez em que se deixou convencer a fazê-lo, disse estas palavras ao tocar no doente: "Deus lhe dê melhor saúde e mais bom senso" [Frazer].

As histórias seguintes atestam o terrível efeito do contato ativo, embora não intencional, com o rei ou algo que lhe pertence. "Um grande chefe da Nova Zelândia, de alta santidade, havia deixado restos de seu jantar à beira do caminho. Um escravo robusto, com fome, passou depois do chefe e, vendo o que restava do jantar, comeu-o de imediato. Mal acabou, um espectador horrorizado lhe disse que aquele alimento era o do chefe." Ele era um guerreiro forte e corajoso, mas "tão logo ouviu a notícia fatal, foi tomado de extraordinárias convulsões e de cólicas no estômago, que não cessaram até que morreu, no fim da tarde do mesmo dia" [ibid.]. "Uma mulher maori comeu certos frutos e, após saber que vinham de um local que era tabu, exclamou que seria morta pelo espírito do chefe cuja santidade foi assim profanada. Isso ocorreu à tarde, e no dia seguinte, por volta das doze horas, ela estava morta" [W. Brown, apud Frazer]. "Certa vez, a pedra de fogo de um chefe maori causou a morte de várias pessoas; pois ele a havia perdido e alguns homens a acharam, usaram-na para acender seus cachimbos e, ao saber a quem pertencia, morreram de pavor" [Frazer].

Não surpreende que tenha surgido a necessidade de apartar indivíduos perigosos como chefes e sacerdotes do resto da comunidade, de erguer um muro ao seu redor, para torná-los inacessíveis aos demais. Talvez comecemos a vislumbrar que esse muro, originalmente composto de preceitos tabu, existe ainda hoje na forma de cerimonial da corte.

Mas talvez a maior parte do tabu dos senhores não se explique pela necessidade de proteção *diante* deles. A outra consideração no tratamento dos indivíduos privilegiados, a necessidade de guardar eles próprios dos perigos que os ameaçam, é que teve o mais nítido papel na criação dos tabus e, com isso, no surgimento da etiqueta da corte.

A necessidade de proteger o rei de todo perigo imaginável vem de sua enorme importância para o bem ou mal-estar dos súditos. A rigor, é sua pessoa que regula o curso da vida; "seu povo tem de lhe agradecer a chuva e a luz do Sol, que fazem crescer os frutos da terra, o vento, que traz os navios a suas costas, e até mesmo o chão firme sob os pés" [Frazer].

Esses reis de povos selvagens têm um poder e uma capacidade de conferir benefício que são próprios apenas de deuses, e nos quais, em estágios posteriores da civilização, somente os mais servis dos cortesãos fingirão acreditar.

Parece contraditório que indivíduos de tamanho poder necessitem ser cuidadosamente protegidos de perigos que os ameacem, mas essa não é a única contradição que vem a aflorar no tratamento dos reis entre os povos selvagens. Esses povos também acham necessário vigiar seus reis, para que utilizem adequadamente seus poderes; eles não estão seguros das boas intenções e dos escrúpulos do rei. Um quê de desconfiança inclui-se entre os motivos dos tabus referentes a ele. "A ideia", diz Frazer,

> "de que os reinados primitivos são despotismos em que o povo existe apenas para o soberano é totalmente inaplicável às monarquias que estamos considerando. Pelo contrário, nelas o soberano existe apenas para os súditos; sua vida é valiosa apenas enquanto ele cumpre os deveres de sua posição, ordenando o curso da natureza para benefício de seu povo. Tão logo ele deixe de fazer isso, cessam o cuidado, a devoção, a adoração religiosa que até então lhe prodigalizavam, transformando-se em ódio e desprezo; ele é vergonhosamente exonerado, e terá sorte se escapar com vida. Venerado como um deus num dia, é executado como um criminoso no dia seguinte. Mas nada há de caprichoso ou inconstante nessa mudança de comportamento do povo. Pelo contrário, ele é bastante consequente. Se o rei é seu deus, ele é ou deveria ser também seu protetor; e se ele não protegê-lo, tem que dar lugar a outra divindade que o faça. Enquanto ele corresponder às suas expectativas, porém, não há limite para o seu cuidado com ele, e para o cuidado que deve ter consigo. Um rei dessa espécie vive confinado numa etiqueta cerimoniosa, uma rede de proibições e observâncias, cuja intenção não é contribuir para sua dignidade, menos ainda para seu conforto, mas impedi-lo de uma conduta que, perturbando a harmonia da natureza, possa envolvê-lo — a ele, seu povo e o universo — numa mesma catástrofe. Longe de aumentar seu conforto, tais

observâncias, ao dificultar todo ato seu, aniquilam sua liberdade e frequentemente lhe tornam a vida, que é seu objetivo preservar, um fardo e um sofrimento para ele."

Um dos mais flagrantes exemplos de tal aprisionamento e paralisação de um governante sagrado mediante cerimoniais tabus pode ser visto no modo de vida do micado japonês dos primeiros séculos. Eis um relato feito há mais de dois séculos:

> "O micado crê que seria danoso para sua dignidade e santidade tocar o chão com os pés; por isso tem de ser carregado nos ombros, quando deseja ir a algum lugar. Ainda mais grave seria expor ao ar livre sua sagrada pessoa, e o Sol não seria digno de brilhar sobre sua cabeça. Atribui-se tamanha santidade a todas as partes de seu corpo, que ele não ousa cortar o cabelo, a barba ou as unhas. Para que não fique sujo demais, no entanto, podem limpá-lo durante a noite, enquanto dorme; pois, dizem, o que é tirado de seu corpo nesse momento foi dele roubado, e esse roubo não prejudica sua dignidade e santidade. Em tempos antigos ele era obrigado a sentar no trono toda manhã por algumas horas, com a coroa imperial sobre a cabeça, mas literalmente como uma estátua, sem mover mãos, pés, olhos, cabeça, qualquer parte do corpo, de fato, pois acreditava-se que assim ele conservaria a paz e a tranquilidade em seu império. Se, desafortunadamente, ele se voltasse para um ou outro lado, ou se olhasse por um bom momento para alguma parte de seus domínios, temia-se que a guerra, a fome, o fogo ou algum outro infortúnio estivesse a ponto de devastar o país" [Kämpfer, apud Frazer].

Alguns dos tabus impostos a reis bárbaros lembram vivamente as restrições aos homicidas. "Em Shark Point, perto do cabo Padron, na Baixa Guiné (África Ocidental), vive o rei-sacerdote Kukulu, sozinho num bosque. Ele não pode tocar em mulher nem deixar sua casa, não pode sequer levantar da cadeira, na qual tem que dormir sentado. Se ele se deitasse, nenhum vento passaria e a navegação cessaria. Ele regula as tempestades e, em geral, mantém a atmosfera em estado constante e favorável" [A. Bastian, apud Frazer]. Quanto mais poderoso é o rei de Loango, diz Bastian, tanto mais tabus ele deve observar. Também o herdeiro do trono está submetido aos tabus desde a infância, mas eles se acumulam à medida que ele cresce; no momento em que ascende ao trono, está sufocado por eles.

O espaço não permite, nem o nosso interesse requer, que continuemos na descrição dos tabus associados à dignidade dos reis ou sacerdotes. Vamos apenas registrar ainda o grande papel que neles desempenham as restrições à liberdade de movimento e à dieta. O efeito conservador que tem sobre os velhos usos o trato com essas pessoas privilegiadas pode se mostrar em dois exemplos de cerimônias tabu oriundos de povos civilizados, ou seja, de estágio cultural bem mais elevado.

O *flamen dialis*, o sumo sacerdote de Júpiter, na antiga Roma, tinha que observar um número extraordinário de tabus. Ele

> "não podia montar ou mesmo tocar um cavalo, nem ver um exército em armas, nem usar um anel que não fosse partido, nem vestir uma roupa que tivesse algum nó; [...] não podia tocar farinha de trigo nem pão fermentado; não podia tocar ou mencionar um cão, uma cabra, carne crua, feijão e hera; [...] seu cabelo podia ser cortado apenas por um homem livre, com uma faca de bronze, e, quando cortados, o cabelo e as unhas tinham de ser enterrados sob uma árvore auspiciosa; [...] ele não podia tocar num cadáver; [...] não podia ficar descoberto ao ar livre",

e assim por diante.

"Sua mulher, a *flaminica*, tinha que observar quase as mesmas regras, e ainda outras específicas para ela. Não podia subir mais que três degraus de um tipo de escada que chamavam de grega; não podia pentear seu cabelo em determinada festa; o couro de seus sapatos não podia ser feito de um animal que tivesse morrido naturalmente, mas apenas de um abatido ou sacrificado; se tivesse ouvido um trovão, ela era tabu até que oferecesse um sacrifício expiatório." [Frazer]

Os antigos reis da Irlanda eram submetidos a uma série de restrições bastante singulares, cuja manutenção traria todas as bênçãos, e a transgressão, todos os males para o país. A lista completa desses tabus está no *Book of rights*; os mais velhos exemplares manuscritos deste trazem as datas de 1390 e 1418. As proibições são extremamente detalhadas, referem-se a ações determinadas, em locais determinados e horas determinadas; em tal cidade o rei não pode permanecer em determinado dia da semana, não pode cruzar aquele rio em certo horário, acampar por nove dias inteiros em certa planície etc. [Frazer].

Em muitos povos selvagens, a severidade das limitações para os reis-sacerdotes teve consequências historicamente significativas, e particularmente interessantes para o nosso ponto de vista. A dignidade dos reis-sacerdotes deixou de ser algo desejável; aquele que estava para recebê-la fazia de tudo para dela escapar. Assim, no Camboja, onde há um Rei do Fogo e um Rei da Água, frequentemente é necessário coagir os sucessores a aceitar a distinção. Na ilha Niue ou Selvagem, uma ilha de coral no Pacífico Sul, a monarquia realmente acabou, porque ninguém mais se dispôs a assumir um cargo tão perigoso e prenhe de responsabilidades.

"Em alguns lugares da África Ocidental, quando o rei morre, um conselho familiar se reúne secretamente para nomear seu sucessor. O escolhido é subitamente apanhado, amarrado e jogado na casa dos fetiches, onde é mantido preso até aceitar a coroa. Há ocasiões em que o herdeiro acha meios de esquivar-se à honra que pensam em conferir-lhe; sabe-se de um chefe valente que andava sempre armado, decidido a resistir pela força a qualquer tentativa de pô-lo no trono" [A. Bastian, apud Frazer].

Entre os nativos de Serra Leoa, a resistência em aceitar a honra da realeza tornou-se tão grande que a maioria das tribos foi obrigada a nomear estrangeiros como reis.

Frazer relaciona a estas circunstâncias o fato de no curso da história ter ocorrido uma divisão da primitiva realeza sacerdotal em um poder secular e um espiritual. Oprimidos pelo fardo de sua santidade, os reis tornaram-se incapazes de exercer o domínio nas coisas reais, e tiveram que deixá-las para pessoas menores, porém enérgicas, que estavam dispostas a renunciar às honras da dignidade régia. Destas se originaram então os governantes seculares, enquanto a supremacia espiritual, despida de importância prática, ficou para os antigos reis tabu. Sabe-se como isso é confirmado pela história do Japão antigo.

Tendo uma visão geral dos laços dos homens primitivos com seus governantes, abrigamos a expectativa de que não nos será difícil passar da descrição à compreensão psicanalítica deles. Esses vínculos são de natureza complicada e não isentos de contradições. Concedem-se aos governantes grandes prerrogativas, que praticamente correspondem aos tabus impostos aos demais. São pessoas privilegiadas; podem fazer ou fruir o que o tabu contesta aos demais. Em contraste com essa liberdade, porém, são limitadas por outros tabus, que não oprimem os indivíduos comuns. Eis aqui, portanto, uma primeira oposição, quase contradição, entre uma maior liberdade e uma maior limitação para as mesmas pessoas. São-lhes atribuídos extraordinários poderes mágicos e, por isso, teme-se o contato com elas ou seus bens, enquanto, por outro lado, espera-se o mais benéfico efeito de tais contatos. Aqui parece haver uma segunda contradição, bem flagrante; mas já vimos que é só aparente. O contato realizado pelo rei, com benévola intenção, tem efeito salvador e protetor; perigoso é apenas o contato provocado pelo homem comum, provavelmente porque pode lembrar tendências agressivas. E uma outra contradição, não tão fácil de solucionar, está em atribuir ao governante tamanho domínio sobre os eventos da natureza e, no entanto, achar-se obrigado a protegê-lo cuidadosamente dos perigos que o ameaçam, como se seu próprio poder, que é tão grande, não fosse capaz disso. A situação é agravada ainda quando não se confia que o governante utilize seu enorme poder de maneira correta, em favor dos súditos e para sua proteção própria; desconfia-se dele, portanto, e acredita-se ter o direito de vigiá-lo. A etiqueta dos tabus, a que toda a vida do rei é sujeita, serve simultaneamente a todos esses propósitos de tutelar o rei, protegê-lo dos perigos e proteger os súditos do perigo que ele representa para eles.

É natural explicar da seguinte forma a relação complicada e contraditória entre os homens primitivos e seus governantes. Por motivos supersticiosos ou de outra natureza, expressam-se no tratamento dos reis tendências variadas, cada uma das quais é desenvolvida ao extremo, sem consideração pelas demais. Isso dá origem às contradições, ante as quais o intelecto dos selvagens não se escandaliza mais que o dos altamente civilizados, em matéria de religião ou de “lealdade”.

Não haveria problema com essa explicação, mas a técnica psicanalítica permitirá ir adiante e dizer algo mais sobre a natureza dessas variadas tendências. Submetendo à análise os fatos descritos, como se fizessem parte do quadro de sintomas de uma neurose, detemo-nos primeiramente no excesso de angustioso cuidado que se apresenta como razão para o cerimonial do tabu. Na neurose, em especial na neurose obsessiva, que utilizamos principalmente em nossa comparação, a ocorrência de tal carinho excessivo é bastante comum. Chegamos a compreender muito bem sua origem. Ele sempre surge quando, além do carinho predominante, há uma corrente oposta mas inconsciente de hostilidade, ou seja, quando se verifica o caso típico de ambivalência emocional. A hostilidade é então abafada por uma intensificação excessiva do carinho, que se manifesta como angustiosa solicitude e que se torna obsessiva, pois de outro modo não cumpriria sua tarefa de manter sob repressão a corrente oposta inconsciente. Todo psicanalista sabe, por experiência, com que segurança o angustioso carinho excessivo, nas condições mais improváveis — entre mãe e filho e entre cônjuges muito afetuosos, por exemplo —, permite essa explicação. Aplicada ao tratamento dado às pessoas privilegiadas, teríamos que à sua veneração, sua divinização mesmo no inconsciente, opõe-se uma forte corrente hostil, ou seja, que também aí, como esperávamos, verifica-se a situação da atitude emocional ambivalente. A desconfiança, que aparece inegavelmente como um dos motivos para os tabus dos reis, seria outra manifestação, mais direta, da mesma hostilidade inconsciente. E não nos faltariam — graças à variedade dos desfechos desse conflito em povos diferentes — exemplos em que nos seria ainda mais fácil a demonstração dessa hostilidade. "Os selvagens timmes, de Serra Leoa", relata Frazer, "que elegem seu rei, guardam para si o direito de espancá-lo na véspera da coroação; e valem-se desse privilégio constitucional com tamanha disposição que às vezes o infeliz monarca não sobrevive muito tempo à sua elevação ao trono. Por isso, quando os chefes da tribo têm rancor a um homem e querem livrar-se dele, elegem-no rei." Mesmo em casos gritantes como esse, porém, a hostilidade não é admitida como tal, mas travestida de cerimonial.

Outro aspecto da conduta dos primitivos em relação aos governantes recorda um procedimento que, bastante difundido na neurose, emerge claramente no chamado delírio de perseguição. Nele a importância de determinada pessoa é enormemente elevada, seu poder é aumentado num grau inverossímil, para que lhe seja mais facilmente atribuída a responsabilidade por tudo de nocivo que ocorre ao doente. De fato, os selvagens não se comportam diferentemente com seus reis, ao lhes atribuir poder sobre a chuva e a luz do Sol, o vento e o tempo, e depois derrubá-los ou assassiná-los, porque a natureza logrou suas expectativas de uma boa caça ou uma farta colheita. O modelo que o paranoico reproduz, no delírio de perseguição, está na relação da criança com o pai. Na ideia que o filho tem do pai, este normalmente possui tal plenitude de poderes, e vê-se que a desconfiança em relação ao pai está intimamente ligada à imensa estima por ele. Quando o paranoico designa alguém de suas relações como seu "perseguidor", coloca-o assim ao lado do pai, situa-o numa posição que lhe permite fazê-lo responsável por tudo o que percebe como sua desgraça. Esta segunda analogia entre o selvagem e o neurótico pode nos levar a perceber quanta coisa, na relação do selvagem com seu governante, vem da atitude infantil da criança para com o pai.

Mas o apoio mais sólido para nossa abordagem, que compara as proibições dos tabus a sintomas neuróticos, encontramos nas próprias cerimônias dos tabus, cuja importância para a posição da realeza já foi examinada. Se admitimos que os efeitos que produzem eram buscados desde o início, tais cerimônias revelam inequivocamente seu duplo significado e sua derivação de tendências ambivalentes. Elas não apenas distinguem os reis e os elevam acima de todos os comuns mortais, como lhes tornam a vida um sofrimento e um fardo insuportável, e os obrigam a uma servidão muito pior que a de seus súditos. Parecem-nos, assim, a exata contrapartida aos atos obsessivos da neurose, nos quais o instinto suprimido e aquele que o suprime acham satisfação comum e simultânea. O ato obsessivo é *supostamente* uma proteção contra o ato proibido; mas nós dizemos que é, *propriamente*, a repetição do proibido. O "supostamente" refere-se aqui à instância consciente da psique, o "propriamente", à instância inconsciente. Assim também, o cerimonial do tabu dos reis é supostamente a mais alta honra e segurança para eles, e propriamente o castigo por sua elevação, a vingança que os súditos têm sobre ele. Em Cervantes, as experiências que Sancho Pança faz como governador de sua ilha o levam a perceber esta concepção do cerimonial da corte como a única pertinente. É bem possível que escutássemos outras confirmações, se pudéssemos fazer com que reis e governantes atuais se manifestassem a propósito disso.

Por que a atitude emocional ante os governantes contém um tão forte elemento inconsciente de hostilidade é uma questão muito interessante, mas que ultrapassa os limites deste trabalho. Já aludimos ao complexo infantil relacionado ao pai; acrescentemos que o estudo da pré-história da realeza nos traria esclarecimentos decisivos. Segundo as considerações de Frazer — admiráveis, mas não convincentes, segundo ele próprio —, os primeiros reis eram forasteiros destinados ao sacrifício em festas solenes, após um breve reinado, como representantes da divindade. Os mitos do cristianismo também conservariam traços dessa evolução da realeza.

### c) O tabu dos mortos

Sabemos que os mortos são soberanos poderosos; talvez nos surpreendamos ao saber que são vistos como inimigos.

O tabu dos mortos evidencia — se nos for permitido conservar a analogia com a infecção — uma particular virulência na maioria dos povos primitivos. Manifesta-se primeiro nas consequências trazidas pelo contato com o morto, e no tratamento dos que guardam luto por ele. Entre os maori, todo aquele que tocava num cadáver ou participava do seu enterro era bastante impuro e quase cortado de qualquer relacionamento com os semelhantes, era boicotado, digamos. Não podia entrar em nenhuma casa, nem aproximar-se de uma coisa ou pessoa, sem contaminá-las igualmente. Não lhe era permitido sequer tocar no alimento com suas mãos, pois a impureza as tornava inúteis. A comida era posta no chão à sua frente, e não lhe restava senão apanhá-la com os lábios e os dentes, como fosse possível, enquanto mantinha as mãos nas costas. Ocasionalmente permitia-se que outra pessoa o alimentasse, e ela então o fazia com o braço estendido, tendo cuidado para não tocar o infeliz, mas esta pessoa era então ela mesma sujeita a restrições, que eram pouco menos pesadas que as do indivíduo impuro. Em toda aldeia havia uma pessoa degradada, excluída da sociedade, que vivia miseravelmente de umas parcas esmolas. Apenas a este sujeito se permitia aproximar-se, à distância de um braço, daquele que havia cumprido o último dever para com um morto. E quando, passado o período de isolamento, o indivíduo conspurcado pelo cadáver podia novamente juntar-se aos companheiros, toda a louça que ele havia utilizado durante aquele tempo era destruída, e toda vestimenta de que tinha se servido era jogada fora.

As observâncias de tabu após o contato físico com um morto são as mesmas em toda a Polinésia e Melanésia e em parte da África. Seu elemento mais constante é a proibição de tocar a comida, e a decorrente necessidade de a pessoa ser alimentada por outros. É digno de nota que na Polinésia, ou talvez somente no Havaí [Frazer], os reis-sacerdotes submetiam-se às mesmas restrições durante o exercício das funções sagradas. Em Tonga, o tabu dos mortos indica claramente como o grau da proibição e o seu progressivo cancelamento dependem da força do tabu da pessoa em questão. Quem tocava o cadáver de um chefe ficava impuro durante dez meses; mas, se era ele próprio um chefe, apenas durante três, quatro ou cinco meses, conforme a posição do chefe morto; tratando-se do cadáver do grande chefe divino, porém, mesmo os chefes maiores tornavam-se tabu durante dez meses. Os selvagens creem firmemente que quem viola tais preceitos adoece gravemente e morre; sua crença é tão firme que, na opinião de um observador, nenhum nativo jamais experimentou convencer-se do contrário [W. Mariner, apud Frazer].

Essencialmente as mesmas, mas para nosso objetivo mais interessantes, são as restrições impostas às pessoas cujo contato com os mortos deve ser entendido figuradamente: os parentes enlutados, os viúvos e viúvas. Se nos preceitos até agora mencionados vimos apenas a expressão típica da virulência e capacidade de transmissão do tabu, nos que se seguem vislumbramos os motivos do tabu, tanto aqueles alegados como os que podemos considerar os profundos, verdadeiros.

> "Entre os shuswaps, na Colúmbia Britânica, viúvos e viúvas têm de viver isolados no período de luto e são proibidos de tocar sua própria cabeça e seu corpo; os vasilhames e panelas que usam não podem ser usados por ninguém mais [...]. Nenhum caçador se aproxima desses enlutados, pois sua presença traz má sorte. Se sua sombra cair sobre alguém, este ficará doente. Eles utilizam espinheiros como colchão e travesseiro [...] e colocam espinheiros em volta da cama."

Essa última medida pretende conservar à distância o espírito do morto, e ainda mais nítido é o costume observado em outras tribos norte-americanas, em que a viúva, após a morte do marido, "veste uma espécie de bermuda feita de capim seco, por vários dias, para impedir que o fantasma do marido tenha relações com ela". Isso nos sugere que o contato "em sentido figurado" é entendido mesmo como contato físico, pois o espírito do morto não se afasta dos parentes, não deixa de "rondá-los" durante o luto.

"Entre os agutainos, que habitam Palawan, uma das ilhas Filipinas, uma viúva não pode abandonar sua cabana nos sete ou oito dias após a morte [do marido], a não ser à noite; e mesmo então pode sair apenas quando espera não encontrar ninguém, pois quem a enxerga tem morte imediata. Para impedir essa fatal catástrofe, a viúva bate nas árvores com um pedaço de madeira, prevenindo as pessoas de sua perigosa aproximação; e as próprias árvores em que ela toca morrerão." Uma outra observação pode nos esclarecer em que consiste a periculosidade de uma viúva assim. "No distrito Mekeo, da Nova Guiné Britânica, um viúvo perde todos os seus direitos civis e torna-se um proscrito. Não pode cultivar um jardim, aparecer em público ou andar pelos caminhos e trilhas. Como um animal selvagem, tem de esgueirar-se por entre o capinzal e os arbustos; e, se vê ou escuta alguém se aproximando, especialmente uma mulher, tem de esconder-se atrás de uma árvore ou num matagal." Este último detalhe nos permite facilmente relacionar a periculosidade do viúvo ou da viúva ao perigo da *tentação*. O homem que perdeu sua mulher deve fugir ao desejo de buscar uma substituta; a viúva tem de lutar contra o mesmo anseio, e além disso pode, estando sem dono, despertar a cobiça de outros homens. Todas essas satisfações substitutivas vão de encontro ao sentido do luto; elas inevitavelmente atiçariam a cólera do espírito.[6]

6 A mesma paciente cujas "impossibilidades" eu comparei acima aos tabus (p. 23) admitiu que sempre se indignava ao deparar com alguém vestido de luto. "Tais pessoas deviam ser proibidas de sair à rua!", disse.

Um dos costumes mais estranhos e singulares, ligados ao tabu dos mortos, entre os primitivos, é a proibição de pronunciar o *nome* do defunto. É bastante difundido, conheceu formas variadas e teve importantes consequências.

É encontrado não só entre os polinésios e australianos, que geralmente nos mostram os tabus em seu melhor estado de conservação, mas também em povos tão remotos e desconhecidos uns dos outros como samoiedos, da Sibéria, e os todas, do sul da Índia, os mongóis, da Tartária, e os tuaregues, do Saara, os ainos, do Japão, e os akambas e nandis, da África Central; os tinguianos, da Filipinas, e os habitantes das ilhas Nicobar, de Madagascar e Bornéu [Frazer]. Para alguns desses povos, a proibição e suas consequências valem apenas no período do luto, para outros são permanentes, mas em todos os casos parecem atenuar-se à medida que passa o tempo.

Evitar pronunciar o nome do morto é uma regra geralmente observada com bastante rigor. Em várias tribos sul-americanas, considera-se a mais grave ofensa aos sobreviventes falar na frente deles o nome do parente morto, e a punição para isso não é menor do que a estabelecida para o assassinato [ibid.]. A princípio, não é fácil perceber por que a menção do nome deveria causar tal horror, mas os perigos a ela relacionados deram origem a toda uma série de expedientes que são interessantes e significativos de várias formas. Os massais, na África, adotaram o recurso de mudar o nome do falecido imediatamente após sua morte; ele pode, então, ser mencionado calmamente pelo novo nome, enquanto todas as proibições permanecem ligadas ao velho. Com isto pressupõem que o espírito não sabe nem saberá o novo nome. As tribos australianas das baías de Adelaide e de Encounter são tão coerentes em sua cautela, que todas as pessoas que tinham nome igual ou semelhante ao morto trocam de nome após o falecimento. Às vezes, estendendo o mesmo raciocínio, todos os parentes do morto mudam de nome, não importando se há ou não semelhança fonética com o dele: isso ocorre em algumas tribos de Victoria e do noroeste da América. E entre os guaicurus, no Paraguai, o chefe costumava, nessa triste ocasião, dar nomes novos a todos os membros da tribo, que passavam a lembrar-se deles como se desde sempre os tivessem [ibid.].

Além disso, se o nome do morto coincidia com a designação de um animal, um objeto etc., vários desses povos julgavam necessário renomear também esses animais e objetos, para que o uso daquelas palavras não lhes lembrasse o morto. Disso resultava uma incessante alteração do vocabulário, que causou dificuldades nada pequenas para os missionários, sobretudo quando a interdição do nome era permanente. Nos sete anos que o missionário Dobrizhoffer passou com os abipones, no Paraguai, o nome para jaguar mudou três vezes, e as palavras para crocodilo, espinhos e matança de animais tiveram vicissitudes semelhantes [ibid.]. O temor de pronunciar o nome que pertenceu a um morto chega ao ponto de se evitar a menção de tudo em que esse morto teve algum papel, e uma grave consequência desse processo de supressão é que esses povos não têm tradição nem recordações históricas, o que coloca grandes dificuldades para a pesquisa de sua história primeva. Mas certo número desses povos primitivos adotou práticas compensatórias, em que os nomes dos falecidos são reavivados após um longo período de luto, são dados a crianças, nas quais se vê um renascimento dos mortos.

A estranheza desse tabu dos nomes será atenuada se tivermos presente que para os selvagens o nome é elemento essencial e patrimônio importante da personalidade, que eles atribuem à palavra o pleno sentido de coisa. O mesmo fazem, como já expus em outro lugar, nossas crianças, que não se contentam com a ideia de que a semelhança das palavras carece de sentido, e deduzem, coerentemente, que, se duas coisas têm nomes que soam iguais, isso indica uma profunda concordância entre elas. Mesmo o adulto civilizado pode perceber, em várias peculiaridades de sua conduta, que não está tão longe, como pensa, de levar a sério e ao pé da letra os nomes próprios, assim como também crê que seu nome se acha peculiarmente ligado à sua pessoa. Está de acordo com isso que a prática psicanalítica encontre repetidas ocasiões de assinalar a importância dos nomes no pensamento inconsciente [Stekel, Abraham].

Como era de esperar, a atitude dos neuróticos obsessivos em relação aos nomes é idêntica à dos selvagens. Eles mostram uma total "sensibilidade de complexo" em relação a enunciar ou escutar certas palavras e nomes (tal como outros neuróticos), e do tratamento que dão ao próprio nome se origina um bom número de inibições frequentemente graves. Uma doente que eu conhecia, que sofria desse tabu, evitava escrever seu nome com medo de que ele caísse nas mãos de alguém, que então entraria na posse de uma parte de sua personalidade. No veemente esforço de guardar-se das tentações de sua fantasia, ela havia se imposto a obrigação de "nada entregar de sua pessoa". Esta incluía primeiramente seu nome, depois, sua caligrafia, e assim ela terminou por deixar de escrever.

Já não nos surpreende, então, que os selvagens considerem o nome do morto como parte da pessoa deste e o tornem objeto do tabu que lhe diz respeito. Falar o nome do morto pode ser remontado ao contato tido com ele, e devemos abordar o problema, mais amplo, de por que esse contato é atingido por um tabu tão rigoroso.

A explicação mais evidente apontaria para o natural horror despertado pelo cadáver e pelas mudanças que logo nele se observam. Algum papel também desempenharia o luto pelo morto, como algo motivador em tudo o que a ele se refere. Mas o horror ante o cadáver não responde por todos os detalhes dos preceitos tabu, e o luto não explica por que a menção do nome do morto é uma forte injúria para os que a ele sobreviveram. Pelo contrário, o luto gosta de ocupar-se com o falecido, evocar sua lembrança e conservá-la tanto quanto possível. Outra coisa, que não o luto, deve ser responsabilizada pelas peculiaridades dos tabus, algo que manifestamente tem outras finalidades. Precisamente os tabus dos nomes nos revelam esse motivo ainda ignorado, e, se as práticas nada dissessem, nós o saberíamos pelos próprios selvagens que guardam o luto.

Eles não escondem o fato de que *temem* a presença e o retorno do espírito do morto; realizam bom número de cerimônias a fim de mantê-lo distante, de afastá-lo [Franzen]. Pronunciar seu nome lhes parece uma invocação, que logo será seguida por sua presença.[7] Portanto, tudo fazem para impedir essa invocação e esse despertar. Disfarçam-se, para que o espírito não os reconheça,[8] ou deformam o próprio nome ou o nome do espírito; irritam-se com o forasteiro desconsiderado, que fala o nome do espírito e, desse modo, incita-o contra os sobreviventes. É difícil escapar à conclusão de que eles sofrem do temor "da alma do falecido transformada em demônio", nas palavras de Wundt.

Com isso chegaríamos a corroborar a concepção de Wundt, que vê a essência do tabu no medo dos demônios, como já vimos [p. 16].

O pressuposto dessa teoria, de que no instante da morte o parente amado torna-se um demônio, do qual os sobreviventes só podem esperar coisas hostis, e de cujos desejos ruins devem guardar-se por todos os meios, é tão

7 Talvez se deva acrescentar aqui a condição: enquanto ainda subsistir algum dos seus restos mortais. Frazer, ibid., p. 372.
8 Nas ilhas Nicobar. Id., ibid., p. 358.

singular que inicialmente custa lhe darmos crédito. Mas quase todos os estudiosos relevantes concordam em atribuir essa concepção aos primitivos. Westermarck, que em sua obra *Origem e desenvolvimento das noções morais* não dá, a meu ver, suficiente importância ao tabu, escreve o seguinte, na seção "Atitude ante os mortos": "Os dados de que disponho levam-me a concluir que os mortos são encarados mais frequentemente como inimigos do que como amigos,[9] e que Jevons e Grant Allen se equivocam na afirmação de que, segundo a crença antiga, a malevolência dos mortos dirige-se normalmente aos estrangeiros apenas, e eles nutrem paterna preocupação pela vida e o bem-estar dos seus descendentes e companheiros de clã".

Num livro notável, R. Kleinpaul utilizou os resíduos da velha crença em almas, nos povos civilizados, para examinar a relação entre os vivos e os mortos. Ele também chega à conclusão de que os mortos, com avidez homicida, arrastam atrás de si os vivos. Os mortos matam; o esqueleto, que *hoje* é a imagem da morte, significa que a morte mesma é apenas um morto. O vivo não se sentia a salvo da perseguição do morto enquanto não havia uma extensão de água a separar os dois. Por isso as pessoas gostavam de enterrar os mortos em ilhas,

9 E. Westermarck, *The origin and development of the moral ideas* [Londres, 2 vol., 1906-08], v. II, p. 424. Nas notas e na continuação do texto há bastantes testemunhos confirmadores, frequentemente bem característicos; por exemplo: "Os maoris acreditavam que os parentes mais próximos e mais queridos tinham a natureza mudada após a morte e tornavam-se malignos, mesmo com os que antes amavam". — Os nativos australianos creem que todo falecido é malévolo por muito tempo; quanto mais próximo o parentesco, maior o temor. Segundo as ideias predominantes entre os esquimós centrais, os mortos são, inicialmente, espíritos maus que costumam vaguear em torno das aldeias, causando infortúnio e doença; mas depois alcançam o repouso e não mais são temidos (citando Boas [1888]).

ou levavam-nos para o outro lado de um rio; as expressões "aquém" e "além" surgiram daí. Numa atenuação posterior, a malevolência dos mortos limitava-se às categorias a que se tinha de reconhecer um direito particular ao rancor: aos assassinados, que perseguiam seus assassinos em forma de maus espíritos, aos falecidos sem que tivessem aplacado a ânsia amorosa, como os noivos. Mas originalmente, segundo Kleinpaul, todos os mortos eram vampiros, todos tinham rancor aos vivos e cuidavam de molestá-los e roubar-lhes a vida. Foi o cadáver que fez surgir a noção de espírito mau.

A suposição de que os entes mais caros transformavam-se em demônios após a morte suscita novas questões. O que levou os primitivos a atribuir aos seus mortos queridos esta mudança nos sentimentos? Por que fizeram deles demônios? Westermarck considera fácil responder a tais perguntas [R. Kleinpaul].

> "A morte é vista geralmente como o pior dos infortúnios; daí se acreditar que os mortos estão muito insatisfeitos com seu destino. Conforme as ideias dos primitivos, uma pessoa morre apenas se for assassinada — por magia ou violência —, e uma morte assim tende a tornar a alma vingativa e irascível. Ela tem inveja dos vivos e anseia pela companhia dos velhos amigos; não surpreende, então, que lhes envie doenças para lhes causar a morte. [...] Mas a noção de que a alma desencarnada é, em geral, um ser maldoso [...] também está, sem dúvida, intimamente relacionada ao medo instintivo dos mortos, que, por sua vez, é resultado do medo da morte."

O estudo das perturbações psiconeuróticas nos sugere uma explicação mais abrangente, que inclui a de Westermarck.

Quando uma mulher perde o marido ou uma filha perde a mãe, não é raro que a sobrevivente seja acometida de dolorosas apreensões — a que chamamos de "recriminações obsessivas" —, imaginando se não teria sido responsável, devido a alguma imprevidência ou negligência, pela morte do ente querido. Nenhuma lembrança dos cuidados que teve para com o doente, nenhuma objetiva refutação da suposta culpa conseguem pôr fim ao tormento, que seria expressão patológica de um luto e que gradualmente vai se extinguindo com o tempo. A investigação psicanalítica desses casos nos deu a conhecer o móvel secreto deste sofrimento. Aprendemos que em certo sentido as recriminações obsessivas são justificadas, e apenas por isso são invulneráveis a contestações e objeções. Não é que o indivíduo enlutado realmente seja culpado da morte ou tenha incorrido em negligência, como afirma a recriminação obsessiva; mas nele havia mesmo algo, um desejo inconsciente para ele próprio, que não ficaria insatisfeito com a morte e que a teria provocado, se tivesse poder para isso. É contra esse desejo inconsciente que reage a recriminação, após a morte da pessoa amada. Essa hostilidade oculta por trás do amor, no inconsciente, existe em quase todos os casos de intensa ligação afetiva a determinada pessoa, é o caso clássico, o paradigma da ambivalência dos afetos humanos. Essa ambivalência se acha, em maior ou menor grau, na constituição de todo indivíduo; normalmente não é tanta que faça aparecer as recriminações obsessivas que descrevemos. Quando existe em abundância, porém, ela se manifestará justamente na relação com as pessoas mais amadas, ali onde menos seria esperada. A predisposição à neurose obsessiva, de que frequentemente nos servimos para comparação na questão do tabu, parece-nos caracterizada por um altíssimo grau dessa ambivalência afetiva original.

Agora conhecemos o fator que pode explicar o pretenso demonismo das almas recentes e a necessidade de proteger-se de sua hostilidade mediante os tabus. Se supomos que a vida emocional dos primitivos possui elevado grau de ambivalência, semelhante ao que, conforme os achados da psicanálise, atribuímos aos doentes obsessivos, torna-se compreensível que após a dolorosa perda seja necessária uma reação à hostilidade latente no inconsciente, tal como foi mostrada nas recriminações obsessivas. Mas essa hostilidade, penosamente sentida como satisfação pela morte no inconsciente, tem outro destino no homem primitivo; ele defende-se dela, deslocando-a para o objeto da hostilidade, para o morto. A esse processo de defesa, que ocorre tanto na vida psíquica normal como na patológica, chamamos de *projeção*. O sobrevivente nega que jamais tenha abrigado impulsos hostis em relação ao morto querido; é a alma do falecido que agora os abriga e que durante todo o luto se empenhará em concretizá-los. Embora a defesa mediante a projeção seja bem-sucedida, o caráter de punição e de arrependimento dessa reação afetiva se mostrará no fato de ele sentir medo, de impor-se renúncias e submeter-se a restrições, que em parte são mascaradas de medidas de proteção contra o demônio hostil. Assim notamos, mais uma vez, que o tabu cresceu no solo de uma postura afetiva ambivalente. O tabu dos mortos também deriva da oposição entre a dor consciente e a satisfação inconsciente com a morte havida. Sendo esta a origem do rancor dos espíritos, é natural que os sobreviventes mais próximos, e outrora mais amados, devam temê-lo mais do que todos.

Também nisso as prescrições dos tabus, como os sintomas neuróticos, têm duplo significado. Por um lado, em seu caráter restritivo dão expressão ao luto, e por outro lado revelam nitidamente o que desejam ocultar, a hostilidade ao morto, agora fundamentada como legítima defesa. Aprendemos a ver uma parte das prescrições dos tabus como medo da tentação. O morto não tem defesa, isso deve incitar à satisfação dos impulsos hostis a ele, e a essa tentação tem de ser contraposta uma proibição.

Mas Westermarck tem razão quando afirma que os selvagens não distinguem entre mortos que morreram naturalmente ou violentamente. No pensar inconsciente, aquele que teve uma morte natural também foi assassinado; os maus desejos o mataram (cf. o ensaio seguinte desta série: "Animismo, magia e onipotência dos pensamentos"). Quem se interessa pela origem e significação dos sonhos com morte de parentes próximos (dos pais e irmãos) poderá constatar no indivíduo que sonha, na criança e no selvagem uma total concordância na atitude em relação ao morto, fundada na mesma ambivalência emocional.

Já nos opusemos à concepção de Wundt, segundo a qual a natureza do tabu está no temor ante os demônios, mas agora concordamos com a explicação de que o tabu dos mortos deriva do temor à alma transformada em demônio. Isto pareceria uma contradição; não nos será difícil resolvê-la, porém. É certo que admitimos os demônios, mas não como algo derradeiro, indecomponível pela psicologia. Nós conseguimos chegar por trás dos demônios, por assim dizer, ao percebê-los como projeções dos sentimentos hostis que os sobreviventes abrigam em relação aos mortos.

Os sentimentos díspares em relação ao morto — ternos e hostis, em nossa bem fundada suposição — procuram ambos vigorar, por ocasião da perda, como luto e como satisfação. Inevitavelmente haverá um conflito entre os dois opostos, e, como um deles, a hostilidade, é inconsciente — de forma total ou na maior parte —, o resultado do conflito não pode ser a subtração de uma intensidade da outra e a consciente fixação do saldo, como sucede, por exemplo, quando perdoamos a uma pessoa querida um agravo que nos fez. O processo se resolve, isto sim, mediante um mecanismo psíquico especial, que a psicanálise costuma chamar de *projeção*. A hostilidade, da qual o indivíduo nada sabe nem quer saber, é jogada da percepção interna para o mundo externo, é desprendida da própria pessoa e empurrada para outra. Não somos nós, os sobreviventes, que nos alegramos por nos livrarmos do morto; não, nós o pranteamos, mas curiosamente ele se tornou um demônio ruim, que teria satisfação com nossa desgraça, que procura nos causar a morte. Os sobreviventes precisam, então, defender-se desse inimigo mau; estão aliviados da opressão interna, mas apenas a trocaram por um apuro externo.

Não se deve excluir que esse processo de projeção, que transforma os falecidos em inimigos malévolos, encontre apoio nas hostilidades reais que deles são lembradas e que efetivamente lhes podem ser recriminadas. Ou seja, em sua tirania, dureza, injustiça, e no que mais constitui o pano de fundo até das mais afetuosas relações entre as pessoas. Mas a coisa não pode ser tão simples que baste esse fator para nos tornar compreensível a criação dos demônios através da projeção. Certamente as faltas dos mortos explicam, em parte, a hostilidade dos que a eles sobrevivem, mas não influiriam se estes não desenvolvessem por si próprios tal hostilidade, e o instante da morte seria a ocasião mais inadequada para lembrar as recriminações que justificadamente podiam fazer àqueles. Não podemos prescindir da hostilidade inconsciente como o motivo que normalmente atua e verdadeiramente move. Essa corrente hostil ante os parentes mais próximos e mais queridos podia ficar latente enquanto eles viviam, isto é, não revelar-se à consciência nem de forma direta nem indireta, mediante uma formação substitutiva. Com a morte das pessoas simultaneamente amadas e odiadas isso já não era possível, o conflito tornou-se agudo. O luto proveniente da ternura intensificada tornou-se, por um lado, mais impaciente com a hostilidade latente, e, por outro lado, não pôde admitir que dela resultasse um sentimento de satisfação. Assim chegou-se à repressão da hostilidade inconsciente pela via da projeção, à formação do cerimonial em que o temor de ser punido pelos demônios acha expressão, e, com a passagem do tempo, também o conflito perde em agudeza, de maneira que o tabu desses mortos pode se enfraquecer ou cair no esquecimento.

## 4

Tendo assim clareado o terreno em que se desenvolveu o tão instrutivo tabu dos mortos, não deixaremos de acrescentar algumas observações que podem ser relevantes para a compreensão do tabu em geral.

A projeção da hostilidade inconsciente sobre os demônios, no tabu dos mortos, é apenas um exemplo, no bom número de processos a que se deve atribuir enorme influência na configuração da psique primitiva. No caso considerado, a projeção serve para resolver um conflito emocional; ela tem esse uso em grande número de situações psíquicas que levam à neurose. Mas a projeção não é criada para a defesa, também ocorre onde não há conflitos. A projeção de percepções internas para fora é um mecanismo primitivo, ao qual estão sujeitas nossas percepções sensoriais, por exemplo, e que normalmente tem o papel principal na configuração de nosso mundo externo, portanto. Em condições que ainda não foram suficientemente verificadas, as percepções internas de processos afetivos e intelectuais também são, como as percepções sensoriais, projetadas para fora, empregadas na configuração do mundo externo, quando deveriam permanecer no mundo interno. Isso talvez se relacione, no que toca à sua gênese, com o fato de que originalmente a função da atenção não era voltada para o mundo interno, mas para os estímulos que afluíam do mundo externo, e dos processos endopsíquicos ela recebia apenas as informações relativas a prazer e desprazer. Apenas com o desenvolvimento de uma linguagem abstrata de pensamento, pela vinculação dos resíduos sensoriais das representações verbais com os processos internos, é que esses mesmos tornaram-se gradualmente suscetíveis de percepção. Até então os homens primitivos tinham desenvolvido, mediante a projeção para fora de percepções internas, uma imagem do mundo externo que nós, com intensificada percepção consciente, temos que traduzir de volta em psicologia.

A projeção dos próprios impulsos maus nos demônios é apenas parte de um sistema que se tornou a "visão de mundo" dos primitivos, e que no próximo ensaio viremos a conhecer como "animismo". Lá teremos de verificar as características psicológicas desse sistema, e mais uma vez o faremos a partir da análise dos sistemas que as neuroses nos trazem. Apenas adiantaremos que a assim chamada "elaboração secundária" do conteúdo onírico é o modelo para todos eles. Não nos esqueçamos também que a partir do estágio de formação do sistema há dois tipos de explicação para cada ato julgado pela consciência, o sistemático e o real, mas inconsciente.[10]

Wundt observa que "entre os efeitos que, em toda parte, o mito atribui aos demônios, predominam inicialmente os *nefastos*, de forma que nas crenças dos povos os demônios maus são claramente mais antigos que os bons" [Wundt]. É bem possível que se tenha chegado ao conceito de demônio a partir da tão significativa relação com os mortos. Então a ambivalência inerente a essa relação veio a expressar-se, no curso da evolução humana, no fato de duas formações psíquicas inteira-

10 As criações projetivas dos homens primitivos semelham as personificações através das quais o escritor de ficção exterioriza, na forma de indivíduos autônomos, os impulsos contrários que lutam dentro dele.

mente opostas surgirem da mesma raiz: de um lado, o temor de demônios e fantasmas; de outro, a adoração de ancestrais.[11] O fato de os demônios sempre serem vistos como espíritos de gente há pouco falecida atesta, mais que qualquer outra coisa, a influência do luto na origem da crença em demônios. Cabe ao luto uma tarefa psíquica bastante específica, ele deve desprender dos mortos as recordações e expectativas dos que lhes sobrevivem. Uma vez realizado esse trabalho, a dor se atenua; com ela, o arrependimento e a recriminação, e, portanto, também o medo dos demônios. Os mesmos espíritos que inicialmente eram temidos como demônios passam a ter o destino mais amigável de serem venerados como ancestrais e solicitados a prestar ajuda.

Se acompanhamos a atitude dos vivos para com os mortos através dos tempos, é inegável que a ambivalência diminuiu bastante. Agora consegue-se facilmente refrear, sem necessidade de um maior dispêndio psíquico, a hostilidade — inconsciente, mas sempre verificável — em relação aos mortos. Onde antigamente o ódio satisfeito e a dolorosa afeição lutavam entre si, hoje se encontra a piedade, como se fora uma cicatriz, e exige que "*de mortuis nil nisi bene*" [dos mortos não se fale, a não ser bem]. Somente os neuróticos ainda turvam o luto pela perda de um ser querido com autorrecriminações obsessivas — cujo segredo, conforme a psicanálise, está na

11 Nas psicanálises de pessoas neuróticas que sofrem — ou sofreram na infância — de medo de fantasmas, com frequência não é difícil desmascarar esses fantasmas como sendo os pais. Cf., a propósito, também a comunicação de P. Haeberlin intitulada "Fantasmas sexuais" ("Sexualgespenster", *Sexualprobleme*, fevereiro de 1912), em que não se fala do pai, que havia morrido, mas de outra pessoa de significado erótico.

velha atitude emocional ambivalente. Não precisamos, aqui, examinar de que modo se produziu esta mudança, que participação nela tiveram a mudança constitucional e a melhora real das relações familiares. Mas esse exemplo leva à suposição de que *devemos conceder aos impulsos psíquicos dos homens primitivos um maior grau de ambivalência do que o encontrado no homem civilizado de hoje. Decaindo essa ambivalência, desapareceu lentamente o tabu, o sintoma de compromisso do conflito de ambivalência.* Podemos dizer dos neuróticos, obrigados a reproduzir essa luta e o tabu dela resultante, que trouxeram consigo uma constituição arcaica como resíduo atávico, cuja compensação, por exigência da cultura, força-os a um enorme dispêndio psíquico.

Agora lembramos a informação não muito clara que Wundt nos oferece sobre o duplo significado da palavra "tabu": "sagrado" e "impuro" (ver acima). Originalmente a palavra não significava essas duas coisas, designava o que é demoníaco, que não pode ser tocado, e, assim, enfatizava um traço comum aos dois conceitos extremos; mas essa persistente característica comum demonstraria que os âmbitos do sagrado e do impuro coincidiam na origem, que apenas depois eles se diferenciariam.

Em oposição a isso, nossa abordagem nos leva a concluir, sem dificuldade, que desde o princípio a palavra "tabu" tem esse duplo sentido, que ela serve para indicar uma determinada ambivalência e tudo o que se originou no terreno dessa ambivalência. "Tabu" é uma palavra ambivalente em si mesma, e acreditamos, *a posteriori*, que o sentido comprovado do termo já permite supor o que se obteve como resultado de ampla pesquisa, que as proibições do tabu devem ser vistas como produto de uma ambivalência emocional. O estudo dos mais antigos idiomas nos ensina que houve muitas palavras assim, que abrangiam opostos, que em certo sentido — embora não exatamente o mesmo — eram ambivalentes como a palavra "tabu".[12] Pequenas mudanças fonéticas da palavra primitiva de significado antitético serviram, depois, para conferir expressão verbal diferenciada aos dois opostos ali reunidos.

A palavra "tabu" teve outro destino. Diminuindo a importância da ambivalência por ela designada, ela própria, ou melhor, as palavras que lhe eram análogas desapareceram do vocabulário. Espero tornar plausível, mais tarde, que por trás do destino desse conceito há uma clara transformação histórica, que o termo ligava-se inicialmente a relações humanas bem definidas, caracterizadas pela grande ambivalência emocional, e que delas foi estendido a outras relações análogas.

* * *

Se não estamos errados, a compreensão do tabu também lança luz sobre a natureza e a gênese da *consciência moral* [*Gewissen*]. Podemos falar, sem esticar os conceitos, de uma consciência do tabu [*Tabugewissen*] e uma consciência de culpa do tabu [*Tabuschuldbewusstsein*], após a transgressão do tabu. A consciência do tabu é provavelmente a mais antiga forma que encontramos do fenômeno da consciência.

Pois o que é "consciência" [*Gewissen*]? Conforme o testemunho da linguagem, é aquilo que se sabe com a maior certeza [*am gewissesten weiss*]; há línguas em que a sua designação mal se distingue daquela de consciência [*Bewusstsein*].

Consciência é a percepção interna da rejeição de determinados desejos existentes em nós; mas a ênfase está em que essa rejeição não precisa apelar para nenhuma outra

12 Cf. minha resenha de "O significado antitético das palavras primitivas", de Abel, em *Jahrbuch für psychoanalytische und psychopathologische Forschungen*, v. 2, 1910.

coisa, que está segura [*gewiss*] de si mesma. Isso torna-se ainda mais claro no caso da consciência de culpa, da percepção da condenação interior dos atos mediante os quais concretizamos determinados desejos. Uma fundamentação parece aí supérflua; todo aquele com consciência sente dentro de si a justificativa da condenação, a recriminação pelo ato realizado. A mesma característica mostra o comportamento dos selvagens ante o tabu; o tabu é um mandamento da consciência, sua violação faz surgir um terrível sentimento de culpa, que tanto é evidente em si como de procedência desconhecida.[13]

Portanto, também a consciência [*Gewissen*] provavelmente surge com base numa ambivalência emocional, a partir de relações humanas bem específicas às quais se liga tal ambivalência, e sob as condições reivindicadas para o tabu e a neurose obsessiva, de que um dos sentimentos opostos seja inconsciente e conservado reprimido pelo outro, obsessivamente dominante. Essa conclusão harmoniza-se com várias coisas que aprendemos na análise das neuroses. Primeiro, o fato de no caráter dos neuróticos obsessivos haver um traço de penosa conscienciosidade, como sintoma reativo à tentação que espreita no inconsciente, e de o mais alto grau de consciência da culpa ser por eles desenvolvido quando há intensificação da doença. É possível arriscar a afirmação de que, se não podemos atinar com a origem da consciência de culpa nos enfermos obsessivos, não temos perspectiva nenhuma de conhecê-la. A solução dessa tarefa é agora alcançada no âmbito do indivíduo neurótico; esperamos chegar a uma solução análoga no tocante aos povos.

13 A consciência da culpa do tabu não é minimizada quando a infração ocorre inadvertidamente (ver exemplos acima); há um interessante paralelo no mito grego em que a culpa de Édipo não é eliminada pelo fato de haver sido adquirida sem que ele soubesse e quisesse e mesmo à sua revelia.

Em segundo lugar, chama-nos a atenção que a consciência de culpa [*Schuldbewusstsein*] tenha muito da natureza da angústia; pode ser descrita, sem maior problema, como "angústia da consciência" [*Gewissensangst*]. Mas a angústia remete a fontes inconscientes; a psicologia da neurose nos ensinou que, quando desejos são reprimidos, sua libido é transformada em angústia. E lembremos que na consciência de culpa também há algo desconhecido e inconsciente, isto é, os motivos da rejeição. O caráter de angústia da consciência de culpa corresponde a esse desconhecido.

Se o tabu manifesta-se predominantemente em proibições, é admissível a reflexão segundo a qual ele seria evidente por si mesmo e não necessitaria de amplas provas tomadas da analogia com a neurose, que ele teria em seu fundo uma positiva corrente de desejo. Afinal, não é necessário proibir o que ninguém deseja fazer, e, de todo modo, o que se proíbe enfaticamente deve ser objeto de um forte desejo. Se aplicarmos essa tese razoável aos nossos primitivos, deveremos concluir que entre suas maiores tentações estão matar seus reis e sacerdotes, cometer incesto, maltratar os mortos etc. Ora, isso não é muito verossímil; e provocaremos a mais decidida oposição se referirmos essa tese aos casos em que nós mesmos acreditamos ouvir do modo mais nítido a voz da consciência. Afirmaríamos então, com inabalável certeza, que não sentimos a menor tentação de violar um desses mandamentos — aquele que diz "Não matarás", por exemplo —, e que a ideia de sua violação nos traz apenas horror.

Se atribuímos a essa declaração de nossa consciência a importância que ela pretende ter, torna-se supérflua, por um lado, a proibição — tanto o tabu como nossa proibição moral —, e, por outro lado, o fato mesmo da consciência fica inexplicado e nos escapam as relações entre consciência, tabu e neurose; ou seja, volta-se ao estado do conhecimento que existe enquanto não abordamos o problema do ponto de vista da psicanálise.

Porém, se levamos em conta o fato descoberto pela psicanálise nos sonhos de indivíduos sãos, de que a tentação de matar os outros é, também em nós, mais forte e mais frequente do que imaginamos, e de que produz efeitos psíquicos, mesmo quando não se manifesta para a consciência; e se, além disso, reconhecemos nas prescrições obsessivas de determinados neuróticos as medidas de segurança e autopunições relativas ao intensificado impulso de matar, então voltaremos com outra apreciação à tese exposta acima, de que onde existe uma proibição deve esconder-se um desejo. Suporemos que tal desejo de matar se acha realmente no inconsciente, e que o tabu, como a proibição moral, está longe de ser psicologicamente supérfluo, sendo explicado e justificado pela atitude ambivalente ante o impulso homicida.

Uma característica dessa relação ambivalente que destaquei várias vezes como fundamental, o fato de a corrente positiva de desejo ser inconsciente, nos abre o caminho para outros vínculos e possibilidades de explicação. Os processos psíquicos do inconsciente não são nada idênticos àqueles que nos são conhecidos de nossa vida psíquica consciente, eles gozam de algumas liberdades dignas de nota, que foram subtraídas àqueles. Um impulso inconsciente não precisa ter surgido ali onde o vemos aparecer; pode vir de outro lugar, ter-se ligado originalmente a outras pessoas e relações e, através do mecanismo do *deslocamento*, ter chegado ali onde nos chama a atenção. Graças à natureza indestrutível e incorrigível dos processos inconscientes de épocas remotas, aos quais era apropriado, também pode ter sobrevivido em épocas e circunstâncias posteriores, em que suas manifestações devem parecer estranhas. Essas são apenas sugestões, mas, cuidadosamente desenvolvidas, elas mostrariam como podem ser importantes para o entendimento da evolução da cultura.

Antes de concluir esta discussão, não podemos deixar de fazer uma observação introdutória a pesquisas vindouras. Embora insistindo na identidade essencial da proibição do tabu com a proibição moral, não contestamos que tem de haver uma diferença psicológica entre as duas. Apenas uma mudança nas condições da ambivalência básica pode ser a causa de a proibição não mais aparecer em forma de tabu.

Até agora nos deixamos guiar, na consideração psicanalítica dos fenômenos do tabu, pelas concordâncias demonstradas com a neurose obsessiva; mas o tabu não é uma neurose, e sim uma instituição social. Cabe-nos então a tarefa de indicar onde se acha a diferença de princípio entre a neurose e uma criação cultural como o tabu.

Aqui, mais uma vez, tomarei um único fato como ponto de partida. Teme-se, entre os primitivos, que a violação do tabu acarrete uma punição, geralmente uma grave enfermidade ou a morte. Tal punição cairá sobre aquele que se fez responsável pela transgressão. Na neurose obsessiva é diferente. Se o doente realiza algo proibido, ele não teme o castigo para si, mas para outra pessoa, que geralmente não especifica, mas que na análise é facilmente reconhecida como uma das mais próximas e mais amadas por ele. Nisso o neurótico se conduz de modo altruísta, portanto, e o primitivo, de modo egoísta. Apenas quando a violação do tabu não é automaticamente vingada nasce nos selvagens o sentimento coletivo de estarem todos ameaçados, devido à afronta, e apressam-se em executar eles mesmos a punição omitida. Não é difícil explicar o mecanismo dessa solidariedade. Está em ação o medo do exemplo contagioso, da tentação a imitar, ou seja, da capacidade de infecção do tabu. Se alguém chegou a satisfazer o desejo reprimido, em todos os membros da comunidade se animará esse desejo; para sofrear essa tentação, o infrator invejado tem que ser despojado do fruto de sua ousadia, e não raramente a punição dá aos seus executores a oportunidade de, sob a justificativa da expiação, perpetrar o mesmo ultraje por sua vez. Este é, afinal, um dos fundamentos do sistema de punição humano, e tem por pressuposto — corretamente, sem dúvida — que os mesmos impulsos proibidos se acham tanto no infrator como na comunidade que se vinga.

Nisso a psicanálise está confirmando o que dizem os homens devotos: que somos todos pecadores. Como explicar a surpreendente nobreza da neurose, que nada teme em relação a si, mas tudo em relação a alguém que ama? A pesquisa psicanalítica mostra que essa atitude não é primária. Originalmente, isto é, no começo da doença, a ameaça de castigo aplicava-se à própria pessoa, como entre os selvagens; em cada caso, temia-se por sua própria vida; somente depois o medo da morte foi deslocado para uma pessoa amada. O processo é um tanto complicado, mas podemos abarcá-lo inteiramente. Na raiz da proibição há normalmente um impulso mau — um desejo de morte — em relação a uma pessoa amada. Este é reprimido mediante uma proibição, e esta é ligada a uma determinada ação, que, digamos, representa a ação hostil contra a pessoa amada, mediante deslocamento; a execução desse ato é ameaçada com a pena de morte. Mas o processo vai adiante, o desejo original de que a pessoa amada morra é substituído pelo medo de que morra. Quando a neurose se revela tão afetuosamente altruísta, portanto, ela está *compensando* a atitude oposta de brutal egoísmo que lhe é subjacente. Se chamamos de *sociais* os sentimentos que são determinados pela consideração pelo outro e que não o veem como objeto sexual, podemos destacar o recuo desses fatores sociais como um traço fundamental da neurose, depois encoberto pela supercompensação.

Não vamos agora nos deter na gênese desses impulsos sociais e em seu vínculo com outros instintos fundamentais do homem, e sim evidenciar, por meio de outro exemplo, a segunda característica principal da neurose. Em suas manifestações, o tabu apresenta enorme semelhança com o medo de contato dos neuróticos, o *délire de toucher.* Ora, nessa neurose a proibição é normalmente de contato sexual, e a psicanálise mostrou, de modo geral, que as forças instintuais que são desviadas e deslocadas na neurose têm origem sexual. No tabu, o contato proibido tem, claramente, não apenas sentido sexual, mas sobretudo o significado mais geral de ataque, de apoderamento, de afirmação da própria pessoa. Se é proibido tocar no chefe ou em algo que com ele esteve em contato, deve-se impor, com isso, uma inibição ao mesmo impulso que outras vezes se exprime na desconfiada vigilância do chefe, e mesmo nos maus-tratos físicos dele (ver acima). *Assim, a preponderância dos elementos instintuais sexuais é o fator característico da neurose.* Mas os próprios instintos sociais surgiram, como unidades particulares, da união de componentes egoístas e eróticos.

Esse exemplo de comparação entre o tabu e a neurose obsessiva permite imaginar qual a relação das diversas formas de neurose com as formações culturais, e como o estudo da psicologia das neuroses é relevante para compreendermos a evolução cultural.

As neuroses mostram, por um lado, notáveis e profundas concordâncias com as grandes produções sociais que são a arte, a religião e a filosofia, e, por outro lado, aparecem como deformações delas. Pode-se arriscar a afirmação de que uma histeria é uma caricatura de uma obra de arte, uma neurose obsessiva, a caricatura de uma religião, e um delírio paranoico, de um sistema filosófico. A diferenciação remonta, em última análise, ao fato de as neuroses serem formações associais; elas procuram obter, por meios privados, o que na sociedade surgiu mediante o trabalho coletivo. Na análise instintual das neuroses percebemos que nelas a influência determinante é a das forças instintuais de origem sexual, enquanto as formações culturais correspondentes baseiam-se em instintos sociais, aqueles oriundos da junção de elementos egoístas e eróticos. Pois a necessidade sexual não é capaz de unir os homens da mesma forma que as exigências da autopreservação; a satisfação sexual é, antes de tudo, assunto particular do indivíduo.

Do ponto de vista genético, a natureza associal da neurose resulta de sua tendência original de escapar de uma realidade insatisfatória, rumo a um prazeroso mundo de fantasia. O mundo real, evitado pelo neurótico, é governado pela sociedade dos homens e pelas instituições que eles criaram conjuntamente; dar as costas à realidade é, ao mesmo tempo, retirar-se da comunidade humana.

## III
## Animismo, magia e onipotência dos pensamentos

### 1

Um defeito inevitável dos trabalhos que procuram aplicar a psicanálise a temas das ciências humanas é oferecer muito pouco aos leitores de ambas as disciplinas. Por isso têm apenas o caráter de incitações, fazem ao especialista sugestões, para que ele as considere em seu próprio trabalho. Esse defeito se fará bastante evidente num ensaio que aborda o imenso âmbito do que é chamado de "animismo".[14]

14 O necessário tratamento conciso do material também implica a renúncia a indicações bibliográficas detalhadas. Em vez disso, faz-se apenas referência às conhecidas obras de Herbert Spencer, J. G. Frazer, E. B. Tylor e W. Wundt, das quais são retiradas as informações sobre animismo e magia. A independência do autor manifesta-se apenas na seleção que faz dos temas e das opiniões.

No sentido mais estrito, animismo é a doutrina das almas, no sentido mais amplo, a dos espíritos em geral. Também se distingue o "animatismo", a teoria do caráter vivo da natureza que se nos mostra inanimada, assim como o "animalismo" e o "manismo". O termo "animismo", antes aplicado a determinado sistema filosófico, parece ter recebido de E. B. Tylor seu significado atual.

O que levou à introdução desses termos foi a percepção da singularíssima concepção do mundo e da natureza que têm os povos primitivos de nosso conhecimento, tanto os históricos como os ainda vivos. Eles povoam o mundo com inúmeros seres espirituais que lhes são benévolos ou malignos; veem nesses espíritos e demônios as causas dos processos naturais e acreditam que não apenas os animais e plantas, mas também as coisas inanimadas são animadas por eles. Um terceiro elemento dessa primitiva "filosofia da natureza", talvez o mais importante, parece-nos bem menos peculiar, porque não nos achamos suficientemente afastados dele, ao passo que restringimos bastante a existência de espíritos e agora explicamos os processos naturais com a suposição de forças físicas impessoais. Os primitivos creem numa tal "animação" também dos seres humanos individuais. As pessoas contêm almas, que podem deixar sua morada e migrar para outros seres humanos; essas almas são portadoras das atividades espirituais e, até certo ponto, independentes dos "corpos". Originalmente elas eram imaginadas como bastante semelhantes aos indivíduos, apenas no curso de um longo desenvolvimento perderam as características materiais, chegando a um alto grau de "espiritualização" [Wundt].

A maioria dos autores inclina-se a supor que estas noções da alma constituem o núcleo original do sistema animista, que os espíritos são apenas almas tornadas independentes, e que as almas dos animais, plantas e coisas foram formadas por analogia com as almas humanas.

Como chegaram os homens primitivos às concepções peculiarmente dualistas em que se baseia o sistema animista? Acredita-se que pela observação dos fenômenos do sono (com os sonhos) e da morte, a ele tão similar, e pelo esforço de explicar esses estados, de tamanho interesse para todo indivíduo. O problema da morte, mais que tudo, teria sido o ponto de partida da teorização. Para os primitivos, o prosseguimento da vida — a imortalidade — seria algo evidente. A ideia da morte veio a ser adquirida depois, não sem relutância; e também para nós é vazia de conteúdo e inexequível. Sobre o papel que podem ter tido, na formação das teorias básicas do animismo, outras observações e experiências — acerca de imagens oníricas, sombras, imagens especulares etc. — houve discussões muito vivas, mas inconclusivas.[15]

O comportamento do homem primitivo, de reagir aos fenômenos que estimulam sua reflexão formando a ideia de almas e transferindo-as para objetos do mundo exterior, é julgado bastante natural e não particularmente enigmático. Ante o fato de as concepções animistas terem aparecido concordantemente nos mais diversos povos e em todas as épocas, Wundt afirmou que elas "são o produto psicológico necessário de uma consciência mitopoética [...] e nesse sentido, portanto, o animismo primitivo deve ser considerado a expressão espiritual do estado natural do homem, na medida em que é acessível à nossa observação".[16] A justificação para animar o inanimado já foi dada por Hume em sua *Natural history of religion*, quando escreveu: "Há uma tendência universal, entre os homens, de conceber todos os seres como eles próprios e de transferir para todo objeto as

15 Cf., além de Wundt e H. Spencer, os verbetes da *Encyclopaedia Britannica*, 1911 ("Animism", "Mythology" etc.).
16 Op. cit., p. 154.

qualidades que conhecem familiarmente e de que estão intimamente cônscios".[17]

O animismo é um sistema de pensamento, ele não só explica um fenômeno particular, mas permite compreender o mundo como unidade, a partir de um ponto. No curso dos tempos a humanidade produziu três grandes visões de mundo, se dermos crédito às autoridades: a animista (mitológica), a religiosa e a científica. Entre elas, a primeira criada, o animismo, é talvez a mais consequente e exaustiva, a que explica de maneira cabal a natureza do mundo. Essa primeira concepção de mundo da humanidade é uma teoria psicológica. Está além de nosso escopo demonstrar o quanto dela ainda se acha na vida moderna, seja depreciada, em forma de superstição, ou bastante viva, como fundamento de nossa linguagem, crença e filosofia.

Remontando a esses três estágios de visões do mundo, fala-se que o animismo em si não é ainda uma religião, mas contém as premissas sobre as quais depois se constroem as religiões. É também claro que o mito se baseia em pressupostos animistas; mas os pormenores da relação entre mito e animismo permanecem não esclarecidos em pontos essenciais.

## 2

Nossa abordagem psicanalítica se fará em outro lugar. — Não é de supor que os homens tenham sido levados a criar seu primeiro sistema cosmológico por pura ânsia especulativa de saber. A necessidade prática de sujeitar o mundo teve, certamente, participação nesse esforço. Por isso não nos surpreendemos ao saber que, de mãos dadas com o animismo, há instruções de como proceder para assenhorar-se de homens, coisas e animais, isto é, de seus espíritos. Tais instruções, conhecidas pelos no-

17 Apud Tylor, *Primitive culture*, v. I, p. 477.

mes de "feitiço" e "magia", são consideradas, por S. Reinach, a estratégia do animismo; eu prefiro vê-las como a *técnica*, acompanhando Hubert e Mauss.

Pode-se fazer uma distinção conceitual entre feitiço e magia? É possível, se um tanto arbitrariamente não considerarmos as oscilações da linguagem corrente. Então a feitiçaria é, no essencial, a arte de influenciar os espíritos, tratando-os como os seres humanos em circunstâncias iguais, isto é, apaziguando-os, conciliando-os, obtendo sua simpatia, intimidando-os, roubando-lhes o poder, submetendo-os à nossa vontade — utilizando os mesmos recursos que se mostraram eficazes com as pessoas vivas. A magia, porém, é outra coisa; ela ignora os espíritos, no fundo, e recorre a meios especiais, não aos métodos psicológicos comuns. Logo percebemos que a magia é a parte mais primitiva e importante da técnica animista, pois entre os meios para lidar com espíritos encontram-se também meios mágicos,[18] e a magia tem aplicação igualmente em casos, segundo nos parece, em que a espiritualização da natureza não foi realizada.

A magia tem de servir aos propósitos mais diversos: submeter os eventos naturais à vontade do homem, defender a pessoa dos perigos e dos inimigos e dar-lhe o poder de prejudicar seus inimigos. Mas o princípio em cujos pressupostos se baseia a atividade mágica, ou melhor, o princípio da magia, é tão evidente que todos os autores o reconheceram. Podemos expressá-lo de forma bem sucinta com estas palavras de E. B. Tylor, se prescindirmos do juízo de valor que as acompanha: "tomar erradamente um vínculo ideal por um real". Essa característica será ilustrada com dois grupos de ações mágicas.

18 Quando se afugenta um espírito com barulhos e gritos, isso é apenas um ato de feitiçaria; quando o coagimos, apoderando-nos de seu nome, utilizamos magia contra ele.

Um dos mais difundidos procedimentos mágicos para afetar um inimigo é fazer uma imagem dele com um material qualquer. Pouco importa a semelhança, no caso. Qualquer objeto pode ser "promovido" à imagem do inimigo. O que se faz a essa imagem sucede também ao original odiado; ferindo-se uma parte do corpo daquela, este fica doente no mesmo lugar. A mesma técnica mágica pode estar a serviço da devoção religiosa, em vez da inimizade pessoal, e ajudar deuses na luta contra demônios maus. Citando Frazer:

"Toda noite, quando o deus-sol Ra descia para o seu lar, no oeste ardente, ele era atacado por hostes de demônios sob a chefia do seu arqui-inimigo Apepi. Por toda a noite ele os combatia, e às vezes, durante o dia, os poderes das trevas enviavam nuvens para o céu azul do Egito, para obscurecer sua luz e debilitar seu poder. A fim de auxiliar o deus-sol em sua luta diária, uma cerimônia era realizada diariamente no seu templo, em Tebas. Uma figura de seu inimigo Apepi, representado como um crocodilo com uma face horrenda ou uma serpente com muitas dobras, era feita de cera e nela se escrevia o nome do demônio, com tinta verde. Posto num envoltório de papiro, no qual outra imagem de Apepi fora desenhada com tinta verde, a figura era então amarrada com cabelos negros, era cuspida, retalhada com uma faca de pedra e lançada ao chão. Quando o próprio Apepi havia sido eliminado dessa forma, imagens em cera de cada um dos principais demônios, e de seus pais, mães e filhos, eram feitas e igualmente queimadas. O serviço, acompanhado da recitação de alguns encantamentos prescritos, era repetido não só de manhã, ao meio-dia e à noite, mas sempre que havia um temporal, que chovia fortemente ou que nuvens negras moviam-se pelo céu para esconder o claro disco solar. Os malvados das trevas, das nuvens e chuvas sentiam os ferimentos infligidos a suas imagens como se fossem feitos a eles próprios; eles desapareciam, ao menos por algum tempo, e o benéfico deus-sol brilhava triunfante, uma vez mais."[19]

Do incontável número de atos mágicos com fundamento semelhante destacarei dois apenas, que tiveram grande papel entre os povos primitivos de todas as épocas e que permaneceram conservados, em parte, nos mitos e cultos de estágios de desenvolvimento mais elevados: as magias para obtenção de chuva e de fertilidade. A chuva é produzida por meios mágicos, sendo imitada, ou imitando-se também as nuvens e a tempestade que a produzem. A impressão é de que se quis "brincar de chuva". Os ainos do Japão, por exemplo, fazem chuva da seguinte forma: "alguns deles derramam água com peneiras, enquanto outros tomam uma tigela, aparelham-na com velas e remos, como se fosse um barco, e a empurram ou arrastam pela aldeia e os jardins". Também a fertilidade do solo era assegurada por via mágica, oferecendo-lhe o espetáculo de um ato sexual humano. Assim — um exemplo entre muitos —, em algumas partes de Java os lavradores e suas mulheres vão para os campos, ao se aproximar a época de o arroz florescer, para incentivar a fertilidade do arroz com seu exemplo [Frazer]. Temia-se, no entanto, que relações sexuais incestuosas, proibidas, gerassem colheitas ruins e infertilidade do solo.[20]

Também devem ser incluídos nesse primeiro grupo certos preceitos negativos, isto é, precauções mágicas.

19 A proibição bíblica de fazer imagens de qualquer ser vivo talvez não se originasse de uma rejeição das artes plásticas por princípio, mas se destinasse a privar de um instrumento a magia, que era desaprovada pela religião hebraica. Cf. Frazer, ibid., p. 87, nota.

20 Um eco desse temor se acha no *Édipo rei*, de Sófocles.

"Quando uma aldeia dayak vai à caça de javalis, as pessoas que ficam não podem tocar em óleo ou água durante a ausência de seus amigos; se o fizessem, os caçadores ficariam com 'dedos de manteiga' e a presa escaparia entre suas mãos" [Frazer]. Ou ainda, "enquanto um caçador gilyak persegue a caça na floresta, seus filhos, em casa, estão proibidos de fazer desenhos na madeira ou na areia; pois teme-se que, as crianças fazendo isso, as trilhas da floresta ficariam emaranhadas como as linhas dos desenhos, de modo que o caçador poderia perder seu caminho e não retornar" [Frazer].

Se nestes últimos exemplos, como em tantos outros de ação mágica, a distância não tem nenhum efeito, ou seja, a telepatia é tida como óbvia, também para nós a compreensão dessa peculiaridade da magia não oferecerá dificuldade.

Não há dúvida quanto ao que é considerado eficaz em todos esses exemplos. É a *semelhança* entre o ato realizado e o evento esperado. Daí Frazer chamar de *imitativa* ou *homeopática* essa espécie de magia. Se eu quero que chova, preciso apenas fazer algo que pareça ou lembre a chuva. Numa fase posterior da evolução cultural, em vez dessa magia da chuva serão organizadas procissões até um templo e serão feitas orações, pedindo chuva ao santo que nele tem sua morada. Por fim se abandonará também essa técnica religiosa e se tentará descobrir meios de agir sobre a atmosfera para produzir chuva.

Num segundo grupo de atos mágicos o princípio da semelhança já não conta, mas sim um outro, que os exemplos seguintes revelarão facilmente.

Querendo-se prejudicar um inimigo, pode-se utilizar um outro procedimento. Obtém-se uma amostra de seus cabelos, unhas, excreções, ou mesmo de sua roupa, e faz-se alguma coisa hostil com esses objetos. É como apoderar-se da pessoa mesma, e aquilo que se faz às coisas oriundas da pessoa acontecerá a ela mesma. Na visão dos primitivos, entre os elementos essenciais de uma personalidade se acha o nome; quando se sabe o nome de uma pessoa ou de um espírito, adquire-se algum poder sobre o portador do nome. Daí as curiosas precauções e restrições no uso dos nomes, abordadas no ensaio sobre o tabu. Nesses exemplos, a semelhança é claramente substituída pela afinidade.

Os mais elevados motivos para o canibalismo dos primitivos têm origem semelhante. Ao assimilar partes do corpo de uma pessoa, devorando-as, o indivíduo se apropria também das características que a ela pertenceram. Disso resultam precauções e restrições da dieta, em determinadas circunstâncias. Uma mulher grávida evita consumir a carne de certos animais, pois características indesejadas desses animais, como a covardia, podem passar para a criança por ela nutrida. Não faz diferença, para o efeito mágico, que o vínculo já não exista, ou que tenha consistido apenas num só contato relevante. Assim, por exemplo, a crença num vínculo mágico, que une o destino de um ferimento ao da arma que o causou, pode ser acompanhada por milênios, sem alteração. Quando um melanésio se apodera do arco que o feriu, ele o guarda cuidadosamente num local frio, para conter a inflamação da ferida. Mas, se o arco ficou com os inimigos, certamente será pendurado bem próximo de um fogo, para que a ferida se inflame e queime. Em sua *História natural*, livro XXVIII, Plínio recomenda que, "se você feriu um homem e se arrepende disso, basta cuspir na mão que o feriu, e a dor daquele que sofre será instantaneamente aliviada". Francis Bacon menciona, em sua *Natural history* [*Sylva Sylvarum*, X, § 998], a crença geral de que untar a arma que desferiu o golpe cura essa mesma ferida. Diz-se que ainda hoje os agricultores ingleses seguem esta receita, e, quando se cortam com uma foice, conservam o instrumento cuidadosamente limpo, para que não se forme pus na ferida. Em junho de 1902, segundo o relato de um semanário inglês, uma mulher chamada Matilda Henry, de Norwich, cravou acidentalmente um prego na sola do pé. Sem que fosse examinada, até mesmo sem tirar a meia, ela solicitou à filha que untasse o prego, na expectativa de que assim nada lhe poderia suceder. Morreu alguns dias depois, de tétano [ibid.], em consequência dessa antissepsia deslocada.

Esses últimos casos ilustram o que Frazer chama de magia *contagiosa*, diferenciando-a da *imitativa*. O que neles se considera eficaz já não é a semelhança, mas o nexo no espaço, a *contiguidade*, ao menos a contiguidade imaginada, a lembrança de sua existência. Mas, como semelhança e contiguidade são os dois princípios essenciais dos processos associativos, evidencia-se, como explicação para toda a insensatez das prescrições mágicas, o predomínio da associação de ideias. Vemos como se mostra pertinente a mencionada característica da magia estabelecida por Tylor: "tomar erradamente um vínculo ideal por um real", ou, tal como foi expressa por Frazer, com palavras quase iguais: "os homens tomavam erradamente a ordem de suas ideias pela ordem da natureza, e por isso imaginavam que o controle que têm, ou parecem ter, sobre seus pensamentos, permitia-lhes exercer um controle correspondente sobre as coisas" [ibid.].

A princípio causa estranheza, então, que essa esclarecedora explicação da magia pudesse ser rejeitada por vários autores como insatisfatória.[21] Refletindo um pouco mais, porém, vemos como justificada a objeção de que a teoria da associação apenas explica os caminhos que a magia segue, e não sua autêntica natureza, isto é, o equívoco de pôr leis

21 Cf. o artigo "Magic" (N. W. T.) na 11ª edição da *Encyclopaedia Britannica*.

psicológicas no lugar de leis naturais. Aqui falta, evidentemente, um fator dinâmico; mas, enquanto a busca desse fator desencaminhou os críticos da teoria de Frazer, será fácil dar uma explicação satisfatória da magia, se apenas prosseguirmos e aprofundarmos a teoria da associação.

Consideremos primeiro o caso mais simples e mais significativo, o da magia imitativa. Segundo Frazer, esta pode ser praticada sozinha, enquanto a magia contagiosa pressupõe normalmente a imitativa [Frazer]. Os motivos que impelem ao uso da magia são fáceis de reconhecer, são os desejos humanos. Apenas precisamos supor que o homem primitivo tem uma enorme confiança no poder dos seus desejos. No fundo, tudo o que ele realiza por meio mágico deve acontecer apenas porque ele o deseja. Portanto, inicialmente a ênfase está no seu desejo.

Quanto à criança, que se acha em condições psíquicas análogas, mas ainda não tem capacidade motora, defendemos a hipótese de que inicialmente satisfaz seus desejos de forma alucinatória, produzindo a situação satisfatória mediante as excitações centrífugas de seus órgãos sensoriais.[22] Quanto ao homem primitivo adulto, há um outro caminho. Ao seu desejo liga-se um impulso motor, a vontade, e esta — que depois, a serviço da satisfação do desejo, mudará a face da Terra — é agora usada para representar a satisfação, de modo que esta pode ser vivenciada através de alucinações motoras, digamos. Tal *representação* do desejo satisfeito é comparável à *brincadeira* das crianças, que nelas toma o lugar da técnica puramente sensorial de satisfação. Se a brincadeira e a representação imitativa bastam para a criança e o primitivo, isso não é um sinal de modéstia, tal como a entendemos, ou de resignação graças ao reconhecimento de sua real impotência, mas a compreen-

22 "Formulações sobre os dois princípios do funcionamento psíquico", *Jahrbuch für psychoanalytische und psychopathologische Forschungen*, v. 3, 1912, p. 2.

sível consequência do preponderante valor de seu desejo, da vontade dele dependente e dos caminhos que ele tomou. Com o tempo, o acento psíquico desloca-se dos motivos da ação mágica para seus meios, para a própria ação. Digamos, talvez mais corretamente, que apenas esses meios tornam-lhe evidente a superestimação de seus atos psíquicos. Fica parecendo que apenas a ação mágica, devido à sua semelhança com o resultado desejado, faz com que este ocorra. No estágio do pensamento animista não há ainda oportunidade de demonstrar objetivamente o verdadeiro estado de coisas; ela ocorre mais tarde, quando todos esses procedimentos ainda são cultivados, mas já é possível o fenômeno psíquico da dúvida, como expressão de um pendor à repressão. Então os homens vão admitir que a invocação de espíritos nada consegue, se não existe a crença neles, e que também a força mágica da oração fracassa, se por trás dela não se acha a devoção.[23]

A possibilidade de uma magia contagiosa baseada na associação por contiguidade nos mostra, então, que o valor psíquico atribuído ao desejo e à vontade estendeu-se a todos os atos psíquicos que se acham à disposição da vontade. Há uma superestimação geral dos processos anímicos, ou seja, uma atitude para com o mundo que, em vista do que sabemos sobre a relação entre realidade e pensamento, só pode nos parecer uma superestimação deste último. As coisas recuam para segundo plano ante as ideias das coisas; o que se faz a essas tem de suceder àquelas. As relações existentes entre as ideias são pressupostas igualmente entre as coisas. Como o pensamento não conhece distâncias, facilmente reunindo o mais afastado no espaço e o mais separado no tempo num só ato de consciência, também o mundo mágico, telepaticamen-

23 Cf. o rei em *Hamlet* (ato III, cena 4): "Minhas palavras voam para o alto, meus pensamentos permanecem embaixo:/ Palavras sem pensamentos não chegam jamais ao céu".

te, põe-se acima da distância física e trata uma situação passada como se fora presente. Na época animista, a imagem reflexa do mundo interior torna invisível aquela outra imagem do mundo que acreditamos perceber.

Ressaltemos, além disso, que os dois princípios da associação — semelhança e contiguidade — encontram-se na unidade mais ampla do *contato*. Associação por contiguidade é contato no sentido direto; associação por semelhança, no sentido figurado. Uma identidade no processo psíquico, ainda não apreendida por nós, é indicada pelo uso da mesma palavra para os dois tipos de relação. Trata-se da mesma extensão do conceito de contato que se verificou na análise do tabu.

Podemos agora dizer, sintetizando, que o princípio diretor da magia, a técnica do modo de pensar animista, é o da "onipotência dos pensamentos".

## 3

Tomei a expressão "onipotência dos pensamentos" de um indivíduo bastante inteligente, que sofria de ideias obsessivas e que, após restabelecer-se com o tratamento psicanalítico, pôde dar provas de sua capacidade e sensatez.[24] Ele a havia cunhado para explicar todos os acontecimentos singulares e inquietantes que pareciam persegui-lo, a ele e a outros acometidos da mesma doença. Se acabava de pensar em alguém, este lhe surgia ao encontro, como se o tivesse invocado magicamente; se de repente perguntava por um conhecido que há muito não via, informavam-lhe que havia morrido pouco antes, de modo que parecia ter se ligado telepaticamente com ele; se amaldiçoava um estranho, não muito a sério, cabia esperar que ele morresse pouco depois e lhe deixasse o

24 *Observações sobre um caso de neurose obsessiva* [O homem dos ratos], 1909.

fardo de sua morte. Acerca da maioria desses casos ele pôde me informar, no curso do tratamento, como havia surgido a aparência enganosa e o que ele mesmo fizera para reforçar sua expectativa supersticiosa.[25] Todos os doentes obsessivos são supersticiosos dessa maneira, em geral contrariando seu entendimento.

É na neurose obsessiva que a conservação da onipotência dos pensamentos aparece do modo mais nítido, nela se acham mais próximos da consciência os resultados desse primitivo modo de pensar. Mas devemos guardar-nos de ver nisso um caráter distintivo dessa neurose, pois a investigação psicanalítica revela a mesma coisa nas outras neuroses. Em todas elas, o decisivo na formação dos sintomas é a realidade do pensar, não a do viver. Os neuróticos vivem num mundo especial, em que, como expressei em outro lugar, apenas a "moeda neurótica" tem vigência, isto é, apenas o que é pensado intensamente e imaginado com afeto funciona para eles, a concordância disso com a realidade exterior é algo secundário. O histérico repete em seus ataques, e fixa com seus sintomas, vivências que apenas na sua fantasia ocorreram daquela forma, ainda que, em última análise, remontem a acontecimentos reais ou sejam construídos com base neles. Assim, também não se compreenderia a consciência de culpa dos neuróticos, caso se pretendesse relacioná-la a malfeitos reais. Um neurótico obsessivo pode ser oprimido por uma consciência de culpa que assentaria bem num grande assassino, embora trate seus semelhantes com o maior escrúpulo e consideração, e assim tenha feito desde pequeno. No entanto, seu sentimento de culpa é justificado; baseia-se nos fortes e

25 Parece que atribuímos a característica de "inquietante" às impressões que tendem a confirmar a onipotência dos pensamentos e o modo de pensar animista, quando já nos afastamos dele em nosso julgamento.

frequentes desejos de morte que ele, inconscientemente, abriga em relação ao próximo. É justificado na medida em que pensamentos inconscientes, e não atos propositais, são tomados em consideração. De modo que a onipotência dos pensamentos, a superestimação dos processos psíquicos em relação à realidade, tem irrestrita influência na vida emocional do neurótico e em tudo o que dela deriva. Mas, se o submetemos ao tratamento psicanalítico, que nele torna consciente o que é inconsciente, ele não poderá crer que os pensamentos são livres e sempre terá medo de exprimir desejos maus, como se, devido à expressão, eles inevitavelmente chegassem à realização. Este seu comportamento, assim como a superstição que põe em prática na vida, mostra-nos como ele está vizinho do selvagem, que acredita mudar o mundo exterior apenas com os pensamentos.

Os atos obsessivos primários desses neuróticos são de natureza inteiramente mágica. Se não são feitiços, são contrafeitiços, dedicados a afastar as expectativas de desgraça com que a neurose costuma iniciar. Sempre que consegui penetrar o mistério, revelou-se que essa expectativa de desgraça tinha por conteúdo a morte. O problema da morte se acha, segundo Schopenhauer, no começo de toda filosofia; vimos que também as noções de almas e a crença em demônios, que caracterizam o animismo, têm origem na impressão que a morte deixa no homem. É difícil julgar se esses primeiros atos obsessivos ou de proteção seguem o princípio da semelhança (ou do contraste), pois nas condições da neurose eles são deformados, em geral com o deslocamento para algo mínimo, alguma ação insignificante em si. Também as fórmulas protetoras da neurose obsessiva têm sua contrapartida nas fórmulas mágicas. Mas é possível descrever o curso de desenvolvimento das ações obsessivas, enfatizando como, afastadas ao máximo do elemento sexual, elas principiam como feitiços contra maus desejos, para terminar como substitutos da atividade sexual proibida, que imitam o mais fielmente possível.

Se aceitamos o referido curso das concepções do mundo na história humana, em que a fase *animista* é sucedida pela *religiosa* e esta pela *científica*, não nos será difícil acompanhar as vicissitudes da "onipotência dos pensamentos" através desses estágios. Na fase animista o homem atribui a si mesmo a onipotência; na religiosa, ele a cede aos deuses, mas não a abandona seriamente, pois reserva-se a faculdade de influir sobre os deuses de maneiras diversas. Na concepção científica do mundo não há mais lugar para a onipotência do homem, ele reconhece a própria pequenez e submete-se resignadamente à morte e às outras necessidades naturais. Mas a confiança no poder do espírito humano, a contar com as leis da realidade, retém algo da primitiva fé na onipotência.

Rastreando a evolução das tendências libidinosas no indivíduo, de sua configuração adulta até os primórdios na infância, vimos uma importante diferença, registrada nos *Três ensaios de uma teoria da sexualidade*, de 1905. As manifestações dos instintos sexuais podem ser observadas desde o começo, mas eles não se dirigem ainda para um objeto externo. Cada um dos componentes instintuais da sexualidade trabalha por si na obtenção do prazer, e acha sua gratificação no próprio corpo. Esse é o estágio do *autoerotismo*, que é sucedido pelo da *escolha do objeto*.

O prosseguimento do estudo mostrou ser pertinente, e mesmo indispensável, incluir um terceiro estágio entre esses dois, ou, se preferirmos, decompor em dois o estágio do autoerotismo. Nesse estágio intermediário, cuja relevância cada vez mais se impõe ao pesquisador, os instintos sexuais antes separados já se juntaram numa unidade e encontraram um objeto; mas esse objeto não é externo, alheio ao indivíduo, e sim o próprio Eu, já constituído por esse tempo. Considerando fixações patológicas desse estado, observadas mais tarde, nós o denominamos *narcisismo*. A pessoa se comporta como se estivesse enamorada de si mesma; os instintos do Eu e os desejos libidinais ainda não são separados por nossa análise.

Embora ainda não nos seja possível uma caracterização suficientemente precisa desse estágio narcísico, no qual os instintos sexuais até então dissociados se agregam numa unidade e tomam [investem] o Eu como objeto, já suspeitamos que a organização narcísica jamais será abandonada inteiramente. O ser humano continua narcísico em certa medida, mesmo depois de encontrar objetos externos para sua libido; os investimentos objetais que ele realiza são como que emanações da libido que permanece no Eu, e podem ser novamente levados para ela. Os estados de enamoramento, psicologicamente tão notáveis, e que são os modelos normais das psicoses, correspondem ao mais alto grau dessas emanações, comparado ao nível do amor ao Eu.

Podemos agora ligar ao narcisismo, e apreender como parte essencial deste, a elevada estima — a superestimação, de nosso ponto de vista — que primitivos e neuróticos atribuem aos atos psíquicos. Diríamos que nos primitivos o pensar ainda é, em grande medida, sexualizado, daí se originando a fé na onipotência dos pensamentos, a inabalável confiança na possibilidade de controlar o mundo e a impermeabilidade às simples experiências que poderiam instruir o homem sobre seu verdadeiro lugar no mundo. Quanto aos neuróticos, uma parte considerável dessa atitude primitiva permaneceu constitucional, por um lado; por outro, a repressão sexual neles ocorrida produz uma nova sexualização dos processos de pensamento. As consequências psíquicas têm de ser as mesmas nos dois casos, seja quando o superinvestimento libidinal do pensamento é original, seja quando é alcançado regressivamente: narcisismo intelectual e onipotência dos pensamentos.[26]

Se é lícito vermos, na demonstrada onipotência de pensamentos entre os primitivos, uma evidência em favor do narcisismo, podemos arriscar uma comparação entre as etapas de desenvolvimento da concepção humana do universo e os estágios de desenvolvimento libidinal do indivíduo. Então a fase animista corresponde, tanto cronologicamente como em termos de conteúdo, ao narcisismo; a fase religiosa, ao estágio de eleição de objeto, caracterizado pela ligação aos pais; e a fase científica tem sua plena contrapartida no estado maduro do indivíduo que renunciou ao princípio do prazer e busca seu objeto no mundo exterior, adequando-se à realidade.[27]

Apenas num âmbito a "onipotência dos pensamentos" foi conservada em nossa cultura, no âmbito da arte. Unicamente na arte ainda sucede que um homem consumido por desejos realize algo semelhante à satisfação deles, e que essa atividade lúdica provoque — graças à ilusão artística — efeitos emocionais como se fosse algo real. As pessoas falam, com justiça, do feitiço da arte, e comparam o artista a um feiticeiro. Mas essa comparação é talvez mais significativa do que pretende ser. A arte, que certamente não iniciou como *l'art pour l'art*, esteve originalmente a serviço de tendências que hoje se

26 "É quase um axioma, para os autores que lidaram com este assunto, que uma espécie de solipsismo ou berkeleianismo (como o denomina o professor Sully, ao encontrá-lo nas crianças) opera nos selvagens, fazendo-os recusar-se a reconhecer a morte como um fato." — R. R. Marett, "Pre-animistic religion", *Folk-lore*, v. XI, 1900, p. 178.

27 Limitamo-nos a observar, neste ponto, que o narcisismo original das crianças é decisivo para a concepção do desenvolvimento de seu caráter e que exclui a hipótese de um primitivo sentimento de inferioridade nelas.

acham em grande parte extintas. Entre elas, podemos suspeitar, muitas eram intenções mágicas.[28]

## 4

A primeira concepção do mundo a que os homens chegaram, a do animismo, era psicológica, portanto. Não necessitava de ciência para sua fundamentação, pois a ciência começa apenas quando as pessoas veem que não conhecem o mundo e têm de procurar meios de conhecê-lo. Mas o animismo era natural e evidente para o homem primitivo; ele sabia como eram as coisas do mundo, ou seja, eram tal como ele as percebia. Estamos preparados para saber, portanto, que o homem primitivo deslocava relações estruturais de sua própria psique para o mundo exterior,[29] e, por outro lado, podemos fazer a tentativa de colocar de volta na psique humana aquilo que o animismo ensina sobre a natureza das coisas.

A técnica do animismo, a magia, mostra-nos do modo

28 Cf. S. Reinach, "L'art et la magie", na coletânea *Cultes, mythes et religions*, v. I, pp. 125-36. — Reinach é de opinião que os artistas primitivos que nos deixaram as gravuras e pinturas de animais nas cavernas da França não queriam "deleitar", mas "conjurar". Assim explica que elas se achem nos pontos mais escuros e inacessíveis das cavernas e que não incluam representações dos animais de presa que eram temidos. "Os homens modernos falam frequentemente, por hipérbole, da magia do pincel ou do cinzel de um grande artista e, em geral, da magia da arte. No sentido próprio, que é o de uma coação mística exercida pela vontade do homem sobre outras vontades e sobre as coisas, essa expressão não é mais admissível; mas nós vimos que antigamente ela era rigorosamente verdadeira, ao menos na opinião dos artistas" (p. 136).

29 As quais conhecia mediante a assim chamada percepção endopsíquica.

mais claro e inequívoco a intenção de impor às coisas reais as leis da psique, sendo que os espíritos ainda não desempenham nenhum papel, embora também possam ser tomados como objetos de tratamento mágico. Os pressupostos da magia, portanto, são mais primordiais e antigos que a doutrina dos espíritos, que constitui o cerne do animismo. Nossa abordagem psicanalítica coincide, neste ponto, com a teoria de R. R. Marett, que postula um estágio *pré-animista*, cujo caráter é mais bem designado pelo termo *animatismo* (doutrina da natureza viva de todas as coisas). A experiência não nos permite dizer muito acerca do pré-animismo, pois ainda não foi encontrado nenhum povo que dispensasse a noção de espíritos [Marett].

Enquanto a magia ainda reserva toda a onipotência para os pensamentos, o animismo cede uma parte dessa onipotência aos espíritos, e assim toma o caminho que leva à criação de uma religião. O que deve ter levado os primitivos a essa primeira renúncia? Não foi o conhecimento da incorreção de suas premissas, já que eles mantêm a técnica da magia.

Os espíritos e demônios são, como indiquei em outro lugar, apenas projeções das próprias emoções do ser humano.[30] Ele transforma seus investimentos afetivos em pessoas, com elas povoa o mundo, e reencontra fora de si os seus processos psíquicos internos, de modo bem semelhante ao do inteligente paranoico Schreber, que achou refletidas as ligações e os desligamentos de sua libido nas vicissitudes dos "raios divinos" por ele tramados [Schreber].

30 Supomos que, nesse primitivo estágio narcisista, investimentos oriundos de fontes libidinais e de outras fontes de excitação talvez se achem ainda unidos de forma indistinguível.

Aqui, como em ocasião anterior,[31] deixaremos de abordar o problema das origens da inclinação a projetar para fora processos psíquicos. Mas uma hipótese podemos avançar: a de que essa inclinação é reforçada ali onde a projeção traz a vantagem de um alívio psíquico. Tal vantagem certamente ocorre quando entram em conflito os impulsos que aspiram à onipotência; pois evidentemente não podem todos eles tornar-se onipotentes. O processo patológico da paranoia utiliza-se efetivamente do mecanismo da projeção para dar conta desses conflitos originados na psique. O caso típico desse conflito é aquele entre os dois membros de um par de opostos, o caso da atitude ambivalente, que examinamos em detalhe na situação da pessoa em luto pela morte de um ente querido. Um caso assim nos parecerá particularmente adequado para motivar a criação de projeções. Nisso concordamos novamente com os autores que veem os maus espíritos como os primeiros a terem surgido e que derivam a noção de alma da impressão deixada pela morte nos sobreviventes. A diferença é que não priorizamos o problema intelectual que a morte coloca para o vivo; o que fazemos é situar a força que impele à pesquisa no conflito emocional em que esta situação mergulha o sobrevivente.

Portanto, a primeira realização teórica do ser humano — a criação dos espíritos — teria nascido da mesma fonte que as primeiras restrições morais a que ele se sujeitou, os preceitos dos tabus. Mas o fato de a origem ser idêntica não implica a simultaneidade da gênese. Se foi realmente a situação do sobrevivente em relação ao morto que o tornou reflexivo, que o obrigou a ceder uma parte de sua onipotência aos espíritos e sacrificar algo do livre-arbítrio de sua conduta, então essas cria-

31 Cf. o referido ensaio sobre as *Memórias de um doente dos nervos* [“*O caso Schreber*”, 1911].

ções culturais seriam um primeiro reconhecimento da *Ananke* [Necessidade] que se opõe ao narcisismo humano. O primitivo se inclinaria ante a supremacia da morte com o mesmo gesto com que parece negá-la.

Se ousamos explorar mais ainda as nossas premissas, podemos indagar que parte essencial de nossa estrutura psicológica tem seu reflexo e seu retorno na criação projetiva de almas e espíritos. Então é difícil contestar que a primitiva noção de alma, por mais que se diferencie da alma posterior, totalmente imaterial, coincide essencialmente com esta, ou seja, apreende pessoa e coisa como algo duplo, em cujas duas partes componentes se acham divididas as familiares características e modificações do todo. Essa dualidade original — para usar uma expressão de H. Spencer — já é idêntica àquele dualismo que se manifesta na habitual separação de corpo e espírito, e cuja indelével expressão verbal reconhecemos, por exemplo, quando se diz, de alguém que desmaia ou se descontrola, que está "fora de si" [H. Spencer].

Aquilo que, exatamente como os primitivos, projetamos na realidade externa, não pode ser outra coisa senão o reconhecimento de um estado em que algo é dado, está *presente* para os sentidos e a consciência, junto a um outro em que esse algo é *latente*, mas pode reaparecer; isto é, a coexistência de percepção e lembrança, ou, de modo mais geral, a existência de processos psíquicos *inconscientes* ao lado dos *conscientes*.[32] Pode-se dizer que o "espírito" de uma pessoa ou uma coisa reduz-se, em última análise, à sua capacidade de ser lembrada ou imaginada, quando é subtraída à percepção.

32 Cf. meu pequeno trabalho "Algumas observações sobre o conceito de inconsciente na psicanálise", *Proceedings of the Society for Psychical Research*, parte LVVI, v. XXVI, Londres, 1912.

Certamente não se pode esperar, nem da noção primitiva de alma nem da atual, que a sua delimitação da outra parte mantenha as linhas que a ciência de hoje vem traçando entre a atividade psíquica consciente e a inconsciente. A alma animista reúne disposições de ambos os lados. Sua fluidez e mobilidade, sua capacidade de abandonar o corpo, de apoderar-se duradoura ou provisoriamente de outro corpo, são características que lembram inconfundivelmente a natureza da consciência. Mas a forma como se mantém oculta por trás da personalidade manifesta lembra o inconsciente. Hoje em dia não mais atribuímos imutabilidade e indestrutibilidade aos processos conscientes, e sim aos inconscientes, e consideramos estes os autênticos veículos da atividade psíquica.

Já dissemos que o animismo é um sistema de pensamento, a primeira teoria completa do universo, e agora vamos extrair certas conclusões da abordagem psicanalítica de tal sistema. A experiência de cada dia nos mostra as principais características do "sistema". Sonhamos à noite e aprendemos a interpretar o sonho de dia. O sonho pode, sem negar a sua natureza, parecer confuso e desconexo; pode também, ao contrário, imitar a ordem das impressões de uma vivência, deduzir um acontecimento de outro e relacionar uma parte de seu conteúdo a outra. Isto ele consegue realizar com maior ou menor êxito, e quase nunca o faz de modo tão perfeito que não apareça algum absurdo, alguma falha na trama. Quando o submetemos à interpretação, vemos que a disposição irregular e desigual de seus componentes é algo irrelevante para a sua compreensão. O essencial nele são os pensamentos oníricos, estes sim, dotados de sentido, coerentes e ordenados. Mas sua ordem é bastante diversa da que lembramos no conteúdo manifesto do sonho. O nexo dos pensamentos oníricos é abandonado, e pode então ficar inteiramente perdido ou ser substituído pelo novo nexo do conteúdo onírico. Quase sempre ocorre, além da condensação dos elementos do sonho, uma reordenação deles, que é independente da ordenação anterior em maior ou menor grau. Por fim, aquilo em que o material dos pensamentos oníricos foi transformado pelo trabalho do sonho sofre uma nova influência, a assim chamada "*elaboração secundária*", que claramente visa eliminar a falta de nexo e a incompreensibilidade resultantes do trabalho do sonho, em favor de um novo "sentido". Este novo sentido alcançado pela elaboração secundária já não é mais o sentido dos pensamentos oníricos.

A elaboração secundária do produto do trabalho do sonho é um exemplo valioso da natureza e das exigências de um sistema. Uma função intelectual, em nós, requer unidade, nexo e compreensibilidade de todo material da percepção ou do pensamento de que se apodera, e não hesita em fabricar um nexo incorreto, se, devido a circunstâncias especiais, não apreende o correto. Conhecemos os sistemas assim construídos não só através do sonho, mas também das fobias, do pensamento obsessivo e dos delírios. Nos distúrbios delirantes (paranoia), a construção de sistema é o que mais chama a atenção, ela domina o quadro da doença, mas também não pode ser ignorada nas outras formas de neuropsicose. Em todos os casos podemos demonstrar que houve uma *reordenação* do material psíquico para um novo objetivo, muitas vezes violenta, no fundo, embora pareça compreensível do ponto de vista do sistema. A marca mais distintiva de um sistema vem a ser, então, que cada um dos seus produtos permite acharmos duas motivações, uma baseada nas premissas do sistema — eventualmente delirante, portanto — e uma oculta, mas que temos de reconhecer como a efetivamente atuante, real.

Isso pode ser ilustrado com um exemplo tirado de uma neurose. No ensaio sobre o tabu mencionei uma paciente cujas proibições obsessivas mostram perfeita concordância com um tabu maori. A neurose dessa mulher está voltada para o marido; culmina na defesa contra o desejo inconsciente de que ele morra. Mas sua fobia manifesta e sistemática diz respeito à menção da morte em geral; nela o marido é excluído e jamais se torna objeto de preocupação consciente. Um dia ela escutou o marido dar instruções para que suas navalhas, que haviam ficado cegas, fossem levadas a certa loja para serem amoladas. Impelida por uma estranha inquietude, ela dirigiu-se à loja e, após retornar dessa verificação, solicitou ao marido que se livrasse para sempre das navalhas, pois descobrira que junto à loja havia um estabelecimento funerário. Devido à intenção dele, afirmou, as navalhas ficaram indissoluvelmente ligadas ao pensamento da morte. Esta é a motivação sistemática da proibição. Podemos estar certos de que mesmo sem descobrir aquela vizinhança, a paciente teria surgido com uma proibição relativa às navalhas. Pois teria bastado que ela avistasse no caminho da loja uma carruagem fúnebre, uma pessoa de luto ou alguém levando uma coroa funerária. A rede das condições era extensa o bastante para apanhar a presa de qualquer forma; dependia dela puxá-la ou não. Foi possível verificar que em outros casos ela não ativou as condições para a proibição, o que explicou dizendo que fora um "dia melhor". Naturalmente, a verdadeira causa da proibição das navalhas era, como facilmente se pode imaginar, sua repugnância ante um prazer ligado à ideia de que seu marido pudesse cortar a garganta com uma navalha afiada.

De modo bem semelhante, uma inibição no andar (uma abasia ou agorafobia) torna-se completa e pormenorizada, quando tal sintoma consegue alçar-se a representante de um desejo inconsciente e da defesa contra ele. Quaisquer outras fantasias inconscientes e reminiscências atuando no doente buscam esta saída aberta para exprimir-se como sintoma, e dispõem-se em novo e adequado ordenamento no quadro da inibição do andar. Seria, portanto, um começo inútil, e realmente tolo, tentar compreender o encadeamento e os detalhes dos sintomas de uma agorafobia, por exemplo, a partir do seu pressuposto de base. Toda a coerência e rigor do conjunto é apenas aparente. Uma observação mais aguda pode, como nas fachadas dos sonhos, revelar as piores incoerências e arbitrariedades na formação de sintomas. Os detalhes de semelhante fobia sistemática retiram sua real motivação de determinantes ocultos, que não precisam ter algo a ver com a inibição no andar, e por isso tal fobia assume configurações tão variadas e contraditórias em pessoas diversas.

Retornando agora ao sistema animista, podemos concluir, pelos conhecimentos que adquirimos de outros sistemas psicológicos, que também entre os primitivos a "superstição" não é necessariamente a única ou a verdadeira motivação de um costume ou preceito, e que ela não nos subtrai à obrigação de buscar os motivos ocultos dos mesmos. Sob o domínio de um sistema animista é inevitável que todo preceito e toda atividade tenham uma justificação sistemática, que hoje denominamos "supersticiosa". "Superstição", como "angústia", "sonho" ou "demônio", é uma das noções psicológicas provisórias que se dissolveram com a investigação psicanalítica. Olhando por trás dessas construções, que resguardam o conhecimento como se fossem biombos, percebe-se que a vida psíquica e o nível cultural dos selvagens não tiveram, até hoje, a consideração merecida.

Vendo-se a repressão dos instintos como uma medida do grau de cultura alcançado, deve-se admitir que também no sistema animista houve progressos e desenvolvimentos que são injustamente menosprezados, devido à sua motivação supersticiosa. Quando nos informam que os guerreiros de uma tribo selvagem se impõem total abstinência e limpeza, ao entrar em pé de guerra [Frazer], a explicação dada é que eles eliminam seus dejetos para que o inimigo não se apodere dessa parte de sua pessoa com o objetivo de prejudicá-los pela magia, e podemos conjeturar motivações supersticiosas análogas para a sua continência. Subsiste o fato da renúncia instintual, porém, e talvez compreendamos melhor o caso se supusermos que o guerreiro se impõe tais restrições a título de compensação, porque se acha a ponto de permitir-se a plena satisfação de impulsos mais cruéis e mais hostis, normalmente proibidos. O mesmo vale para os inúmeros casos de restrição sexual quando se está ocupado com tarefas difíceis ou de responsabilidade [ibid.]. A justificativa para essas proibições pode se referir a um contexto mágico, mas a ideia fundamental de obter maior força mediante a renúncia à satisfação instintual permanece inequívoca, e não devemos negligenciar a raiz higiênica da proibição, junto à racionalização mágica. Quando os homens de uma tribo selvagem partem para a caça, a pesca, a guerra, a coleta de plantas valiosas, suas mulheres permanecem em casa, sujeitas a inúmeras restrições severas, às quais os selvagens atribuem efeito simpático, atuando à distância, sobre o êxito da expedição. Mas não é preciso muita argúcia para imaginar que esse fator atuando à distância não é outro senão o pensamento saudoso, a nostalgia dos ausentes, e que por trás desses disfarces está a boa compreensão psicológica de que os homens só dão o melhor de si quando se acham tranquilos em relação às mulheres que deixaram em casa. Outras vezes declara-se abertamente, sem recorrer a motivos mágicos, que a infidelidade conjugal da mulher arruína os esforços do homem ausente, envolvido numa atividade responsável.

Os numerosos tabus a que estão sujeitas as mulheres dos selvagens durante a menstruação são motivados pelo supersticioso horror ao sangue, e nisso também possuem um fundamento real. Mas seria injusto ignorar a possibilidade de que esse horror ao sangue também serve a propósitos estéticos e higiênicos, que em todo caso têm de vestir-se de motivações mágicas.

Não nos iludimos quanto a essas tentativas de elucidação nos exporem à crítica de que estamos atribuindo aos selvagens de hoje uma sutileza nas atividades psíquicas que é bastante improvável. Mas penso que, no tocante à psicologia dos povos que permaneceram no estágio animista, pode muito bem suceder o mesmo que com a vida psíquica das crianças, que nós, adultos, não mais compreendemos, e cuja riqueza e finura, por isso, tanto subestimamos.

Lembrarei ainda um grupo de preceitos que não foram esclarecidos, pois admitem uma explicação familiar ao psicanalista. Em muitos povos selvagens é proibido, em circunstâncias diversas, manter armas afiadas e instrumentos cortantes em casa [ibid.]. Frazer menciona a crença alemã de que uma faca não deve ser deixada com a lâmina para cima; Deus e os anjos poderiam nela se ferir. Não deveríamos reconhecer nesse tabu o pressentimento de certos "atos sintomáticos", nos quais a faca poderia ser usada por maus impulsos inconscientes?

## IV
## O retorno do totemismo na infância

Se a psicanálise foi pioneira em descobrir a invariável sobredeterminação dos atos e formações psíquicas, não devemos recear que ela seja tentada a propor uma origem única para algo tão complicado como a religião. Se, por necessidade — ou melhor, por dever de ofício —, ela se mostra unilateral e destaca uma só das fontes dessa instituição, não reivindica exclusividade para essa fonte, nem tampouco o primeiro lugar entre os fatores operantes. Apenas uma síntese de diversos campos da pesquisa pode resolver que importância relativa cabe, na gênese da religião, ao mecanismo aqui discutido. Mas semelhante tarefa ultrapassa tanto os meios como os propósitos do psicanalista.

1

No primeiro ensaio desta série tomamos conhecimento do conceito de totemismo. Vimos que o totemismo é um sistema que, em certos povos primitivos da Austrália, América e África, tem o papel de uma religião e fornece a base da organização social. Sabemos que em 1869 o escocês McLennan despertou interesse geral para os fenômenos do totemismo ao expressar a suposição de que grande número de usos e costumes, em diferentes sociedades antigas e modernas, seriam resíduos de uma época totêmica. Desde então a ciência admitiu plenamente a importância do totemismo. Citarei uma das mais recentes afirmações sobre o tema, uma passagem dos *Elementos de etnopsicologia*, de Wundt: "Tudo isso considerado, é grande a probabilidade de que a cultura totêmica tenha sido, em toda parte, um estágio preliminar dos desenvolvimentos posteriores e uma fase de transição entre o estado do homem primitivo e a era dos deuses e heróis".

O propósito destes ensaios nos impele a abordar mais profundamente as características do totemismo. Por razões que depois se farão claras, privilegio a exposição feita por S. Reinach, que em 1900 esboçou este *Code du totémisme* em doze artigos, como que um catecismo da religião totêmica:

1. Certos animais não podem ser mortos ou comidos, mas alguns indivíduos dessas espécies são criados e bem cuidados pelos seres humanos.

2. Um animal que tenha morrido acidentalmente é pranteado e enterrado com as mesmas cerimônias que um membro da tribo.

3. Às vezes a proibição de comer aplica-se apenas a certa parte do corpo do animal.

4. Se, premidos pela necessidade, os indivíduos têm de matar um animal que habitualmente é poupado, eles lhe pedem desculpas e buscam atenuar com artifícios e expedientes diversos a infração do tabu, o assassinato.

5. Quando o animal é vítima de um sacrifício ritual, ele é solenemente pranteado.

6. Em determinadas ocasiões solenes, cerimônias religiosas, veste-se a pele de certos animais. Onde ainda há o totemismo, usa-se a pele dos animais totêmicos.

7. Clãs e indivíduos adotam nomes de animais, ou seja, dos animais totêmicos.

8. Muitos clãs usam imagens de animais como brasões e com elas ornamentam suas armas; os homens pintam imagens de animais no corpo ou têm tatuagens delas.

9. Quando o totem é um animal temido ou perigoso, supõe-se que ele poupa os membros do clã que tem seu nome.

10. O animal totêmico protege e põe em guarda os membros do clã.

11. O animal totêmico anuncia o futuro aos que lhe são fiéis e lhes serve de guia.

12. Os membros de um clã totêmico acreditam que são ligados ao animal totêmico pelo laço da procedência comum.

Este catecismo da religião totêmica pode ser avaliado apenas quando se leva em consideração que Reinach incluiu nele todos os indícios e vestígios com base nos quais se pode inferir que houve um sistema totêmico. A peculiar atitude desse autor em relação ao problema mostra-se no fato de que, em razão disso, ele negligencia em alguma medida os traços essenciais do totemismo. Chegaremos à conclusão de que, dos dois artigos fundamentais do catecismo totêmico, ele relegou um a segundo plano e ignorou completamente o outro.

A fim de obter uma ideia precisa das características do totemismo, voltemo-nos para um autor que dedicou ao tema uma obra em quatro volumes, em que a mais completa reunião de observações pertinentes é aliada a uma exaustiva discussão dos problemas por elas suscitados. Ficaremos em dívida com James G. Frazer, o autor de *Totemism and exogamy* (1910), pelo prazer e os ensinamentos, ainda que a investigação psicanalítica leve a resultados muito diferentes dos seus.[33]

33 Mas seria bom apresentar ao leitor, desde logo, as dificuldades que é preciso enfrentar para fazer constatações nessa área:

Em primeiro lugar, as pessoas que reúnem as observações não são as mesmas que as examinam e discutem, aquelas são viajantes e missionários, e estas, eruditos que talvez jamais tenham visto os objetos de sua pesquisa. — O entendimento com os selvagens não é fácil. Nem todos os observadores são familiarizados com as línguas nativas, tendo de recorrer a intérpretes ou ao chamado *pidgin English* para lidar com os pesquisados. Os selvagens não são comunicativos no que se refere aos assuntos íntimos de sua cultura, e fazem confidências apenas aos forasteiros que passaram muitos anos entre eles. Com frequência dão informações erradas, pelos mais diversos motivos (cf. Frazer, "The beginnings of religion and totemism among the Australian aborigines", *Fortnightly Review*, 1905; *Totemism and exogamy*, v. 1, p. 150). — Não devemos esquecer que os povos primitivos não são povos jovens, e sim, na realidade, tão velhos quanto os mais civilizados, e não é lícito esperar que eles conservassem suas ideias e instituições originais sem qualquer evolução e deformação, apenas para que nós as conhecêssemos. Pelo contrário, é certo que entre eles houve mudanças profundas em todos os sentidos, de modo que nunca podemos determinar sem hesitação o que, em suas crenças e condições atuais, preserva o passado original, à maneira de um fóssil, e o que corresponde a uma sua deformação e modificação. Daí as numerosas discussões, entre os autores, acerca de quais peculiaridades de uma cultura primitiva devem ser consideradas primárias e quais seriam configurações

"Um totem", disse Frazer no seu primeiro ensaio,[34]

> "é uma classe de objetos materiais que o selvagem olha com respeito supersticioso, acreditando que entre ele e todo membro daquela classe há uma relação íntima e especial. [...] O vínculo entre um homem e um totem é mutuamente benéfico, o totem o protege e ele mostra sua consideração pelo totem de maneiras diversas, não o matando, se for um animal, e não o cortando ou colhendo, se for uma planta. À diferença de um fetiche, um totem nunca é um indivíduo isolado, mas uma classe de objetos, geralmente uma espécie de animais ou de plantas, mais raramente uma classe de objetos naturais inanimados, muito raramente uma classe de objetos artificiais. [...]
>
> "Os totens são de três tipos, no mínimo: 1. O totem do clã, comum a um clã inteiro, e transmitido de uma geração a outra por herança; 2. o totem do sexo, comum a todos os homens ou a todas as mulheres de uma tribo, com a exclusão do outro sexo; 3. o totem individual, que pertence a um único indivíduo e não passa para seus descendentes."

As duas últimas espécies de totem não se comparam, em importância, ao totem do clã. Elas são, ao que tudo indica, formações posteriores e pouco significativas quanto à natureza do totem.

---

posteriores e secundárias. Assim, a determinação do estado original é sempre uma questão de construção. — Por fim, não é fácil penetrar no modo de pensar dos primitivos. Facilmente os compreendemos mal, assim como às crianças, e nos inclinamos a interpretar seus atos e sentimentos conforme as nossas constelações psíquicas.

34 *Totemism*, Edimburgo, 1887, reproduzido no primeiro volume da obra *Totemism and exogamy*.

"O totem do clã é reverenciado por um grupo de homens e mulheres que dão a si mesmos o nome do totem, acreditam ser do mesmo sangue, descendentes de um ancestral comum, e são ligados entre si por obrigações comuns e por uma fé comum no totem. O totemismo é, assim, tanto um sistema religioso como social. No aspecto religioso consiste nas relações de respeito e proteção mútuos entre um homem e seu totem; no aspecto social consiste nas relações dos membros do clã entre si e com os homens dos outros clãs. Na história posterior do totemismo, esses dois lados, o religioso e o social, tendem a se separar; às vezes o sistema social sobrevive ao religioso; e, por sua vez, a religião às vezes tem traços do totemismo, em países onde o sistema social baseado no totemismo desapareceu. É impossível dizer com segurança como esses dois aspectos relacionavam-se um com o outro na origem do totemismo, devido à nossa ignorância quanto a essa origem. No todo, porém, a evidência aponta fortemente para a conclusão de que os dois lados eram originalmente inseparáveis; de que, em outras palavras, quanto mais retrocedemos, mais notamos que o membro do clã vê a si e a seu totem como seres da mesma espécie, e tanto menos ele distingue entre a conduta perante seu totem e perante seus companheiros de clã."

Em sua descrição do totemismo como sistema religioso, Frazer diz inicialmente que os membros de um clã assumem o nome do totem e *normalmente acreditam que dele descendem*. A consequência disso é que não caçam, não matam e não comem o animal totêmico, e, se ele é outra coisa que não um animal, privam-se de qualquer outra utilização do totem. As proibições de matar e de comer o totem não são os únicos tabus a ele relativos; às vezes também é proibido tocá-lo, e até olhar para ele; em certo número de casos o totem não pode ser mencionado pelo nome correto. A violação desses tabus que o protegem é automaticamente punida com doenças graves ou com a morte.

Espécimes do animal totêmico são ocasionalmente criados pelo clã e mantidos em cativeiro.[35] Um animal encontrado morto é pranteado e enterrado como um membro do clã. Havendo necessidade de matar um animal totêmico, isso ocorria conforme um ritual de desculpas e expiações.

O clã espera proteção e cuidado da parte de seu totem. Se ele era um animal perigoso (animal de rapina, cobra venenosa), pressupunha-se que não causaria mal a seus companheiros, e, não se confirmando isso, a pessoa ferida era expulsa do clã. Segundo Frazer, juramentos eram ordálios originalmente; assim, muitas provas de descendência e de autenticidade eram entregues à decisão do totem. Ele ajuda nas doenças, traz presságios e advertências ao clã. O aparecimento do animal totêmico na vizinhança de uma casa era visto frequentemente como o prenúncio de uma morte. O totem viera para levar seu parente.[36]

Em diversas circunstâncias significativas o membro do clã procura sublinhar seu parentesco com o totem, assemelhando-se a ele na aparência, vestindo-se com a pele do animal, gravando em sua pele a imagem dele etc. Nas ocasiões solenes do nascimento, da iniciação masculina, do enterro, essa identificação com o totem é realizada em palavras e atos. Há danças em que todos os membros do clã se disfarçam de seu totem e gesticulam como ele, danças que servem a diferentes propósitos mágicos e religiosos. Também há, por fim, cerimônias em que o animal totêmico é morto solenemente [Frazer].

35 Como ainda hoje os lobos na gaiola, na escada do Capitólio, em Roma, e os ursos no fosso de Berna.

36 Como a Mulher de Branco em certas casas nobres.

O aspecto social do totemismo expressa-se, antes de tudo, num mandamento rigoroso e numa restrição enorme. Os membros de um clã são irmãos e irmãs, comprometidos a ajudar-se e proteger-se mutuamente. No caso de um membro do clã ser assassinado por alguém de fora, todo o clã do assassino é responsável pelo ato, e o clã da vítima é solidário na exigência de expiação pelo sangue derramado. Os laços do totem são mais fortes que os laços de família no nosso sentido; não coincidem com estes, pois a transmissão do totem se dá, via de regra, pela linhagem da mãe, e originalmente a linhagem do pai talvez nem fosse reconhecida.

A restrição tabu correspondente é a proibição de membros do mesmo clã casarem ou terem relações sexuais entre si. Eis o célebre e misterioso corolário do totemismo, a *exogamia*. A ele dedicamos todo o primeiro ensaio desta série, por isso apenas ressaltamos agora que ele se origina do intensificado horror ao incesto dos primitivos, que seria plenamente compreensível como garantia contra o incesto no casamento grupal e que inicialmente se ocupa da prevenção do incesto na geração mais nova, apenas depois tornando-se obstáculo também para a geração mais velha.

Agora acrescento a essa descrição do totemismo feita por Frazer — uma das primeiras na literatura sobre o tema — algumas passagens extraídas de uma síntese recente. Nos *Elementos de etnopsicologia*, publicados em 1912, Wilhelm Wundt afirma:

> "O animal totêmico é visto como o animal-ancestral do grupo. 'Totem' é, por um lado, nome de grupo, e, por outro lado, nome da linha de descendência; e neste segundo caso tem também significação mitológica. Mas esses usos do conceito não se distinguem facilmente, algumas das significações podem retroceder, de modo que em vários casos os totens se tornaram quase uma

> simples nomenclatura das divisões da tribo, enquanto em outros predomina a ideia da descendência ou — mas talvez também — a significação ritual do totem [...]."

O conceito de totem influi decisivamente na *subdivisão* e *organização da tribo*.

> "Relaciona-se a essas normas, e à sua fixação nas crenças e no sentimento dos integrantes da tribo, o fato de que originalmente o animal totêmico não foi visto apenas como o nome de um grupo de membros da tribo, mas como o ancestral daquela divisão [...]. A isso também se relaciona o fato de esses ancestrais animais possuírem um culto [...]. À parte algumas cerimônias e festividades, esse culto expressa-se originalmente na conduta perante o animal totêmico: não um único exemplar, mas todo representante da espécie é, em certa medida, um animal sagrado, sendo proibido aos membros do totem, ou admitido apenas em certas circunstâncias, comer da carne do animal totêmico. A isso corresponde um fenômeno oposto, significativo nesse contexto, de que em determinadas condições há uma espécie de ingestão cerimonial da carne do totem [...].
>
> "[...] O mais importante aspecto social dessa subdivisão totêmica da tribo consiste em que a ela se ligam determinadas normas, baseadas no costume, sobre a relação dos grupos entre si. Entre elas se acham, em primeiro lugar, aquelas que dizem respeito ao casamento. De forma que a subdivisão da tribo está relacionada a um importante fenômeno, que surge na época do totemismo: a *exogamia*."

Se buscarmos uma caracterização do totemismo original, penetrando por tudo que seria desenvolvimento ou abrandamento posterior, obteremos os seguintes traços essenciais: *Originalmente os totens eram apenas animais, eram tidos como os ancestrais dos diferentes clãs. O totem transmitia-se apenas pela linha materna; era proibido matar o totem* (ou comê-lo, o que é o mesmo para o homem primitivo); *era proibido aos membros do totem manter relações sexuais entre si.*[37]

Agora chama-nos a atenção o fato de no *Code du totémisme*, de Reinach, não aparecer um dos dois tabus principais, o da exogamia, enquanto a premissa do segundo, a descendência do animal totêmico, é mencionada apenas de passagem. Mas escolhi a exposição de Reinach, um autor de grande mérito nesse campo, a fim de nos preparar para as diferenças de opiniões entre os autores de que trataremos agora.

## 2

Quanto mais irrefutável a percepção de que o totemismo constitui uma fase regular de todas as culturas, mais

37 Concorda com esse parágrafo o balanço do totemismo que Frazer oferece no seu segundo trabalho sobre o tema ("The origin of totemism", *Fortnightly Review*, 1899): "Assim, o totemismo foi comumente tratado como um sistema primitivo de religião e de sociedade. Como sistema religioso ele envolve a união mística do selvagem com seu totem; como sistema social ele compreende as relações em que homens e mulheres do mesmo totem se acham uns com os outros e com os membros de outros grupos totêmicos. E correspondendo a esses dois lados do sistema há dois testes ou cânones improvisados do totemismo: primeiro, a regra de que um homem não pode matar ou comer seu animal ou planta totêmica; segundo, a de que não pode casar ou coabitar com uma mulher do mesmo totem" (p. 101). Frazer acrescenta então o seguinte, algo que nos conduz ao centro da discussão sobre o totemismo: "Se os dois lados — o religioso e o social — sempre coexistiram ou são essencialmente independentes, é uma questão a que foram dadas respostas diversas".

premente a necessidade de chegar a uma compreensão dele, de esclarecer o enigma de sua natureza. Tudo é enigmático no totemismo; as questões decisivas são as que concernem à origem da [ideia de] descendência do totem, dos motivos da exogamia (ou seja, do tabu de incesto que ela representa) e da relação entre as duas, a organização totêmica e a proibição do incesto. A compreensão deve ser, ao mesmo tempo, histórica e psicológica; deve informar em que condições desenvolveu-se essa instituição peculiar e a que necessidades psíquicas do ser humano ela dá expressão.

Meus leitores ficarão surpresos com a variedade de pontos de vista a partir dos quais se buscou responder a essas questões, e com a divergência das opiniões dos especialistas no tema. Quase toda generalização sobre o totemismo e a exogamia parece estar em aberto; também o quadro acima, extraído de um texto de Frazer publicado em 1887, não escapa à objeção de que exprime uma arbitrária preferência do autor, e hoje seria criticado pelo próprio Frazer, que algumas vezes já mudou suas concepções do assunto.[38]

Uma suposição natural é de que apreenderíamos a natureza do totemismo e da exogamia se nos aproximássemos das origens de ambas as instituições. Mas não se deve esquecer, no julgamento da situação, a advertência de Andrew Lang, de que também os povos primitivos não conservaram as formas originais das

38 A respeito dessas mudanças de opinião ele deixou esta bela frase: "Não sou tolo a ponto de pretender que minhas conclusões sobre essas questões difíceis sejam definitivas. Mudei minhas opiniões várias vezes, e estou resolvido a mudá-las de novo a cada mudança da evidência, pois, assim como um camaleão, o pesquisador sincero deve alterar suas cores segundo as cores cambiantes do chão onde pisa". Prefácio ao primeiro volume de *Totemism and exogamy*, 1910.

instituições e as condições para sua gênese, de modo que nos restam apenas hipóteses para o lugar das observações ausentes.[39] Entre as tentativas de explicação apresentadas, algumas já parecem de antemão inadequadas, no julgamento de um psicólogo. São demasiadamente racionais e não atentam para o caráter emocional das coisas a serem explicadas. Outras se baseiam em pressupostos que a observação não confirma; e ainda outras recorrem a um material que seria melhor submeter a outra interpretação. Geralmente não é difícil a refutação dos diversos pontos de vista; como de costume, os autores são mais fortes na crítica que fazem uns aos outros do que em suas próprias produções. A conclusão sobre a maioria dos pontos tratados é um *non liquet* [não é claro]. Por isso não surpreende que na literatura recente sobre a questão, da qual se mencionou aqui uma pequena parte, haja a inequívoca tendência de rejeitar uma solução geral dos problemas do totemismo como algo impossível. É o que acha, por exemplo, B. Goldenweiser, no *Journal of American Folklore*, XXIII, 1910 (resumo no *Britannica Year Book*, 1913). Na comunicação dessas hipóteses conflitantes, feita em seguida, tomei a liberdade de ignorar sua ordem cronológica.

### a) A ORIGEM DO TOTEMISMO

A questão da gênese do totemismo pode ser assim formulada: como chegaram os homens primitivos (e seus clãs) a tomar os nomes de animais, plantas e objetos inanimados?

39 "Pela natureza do caso, como a origem do totemismo se acha muito além de nossa capacidade de indagação histórica ou de experiência, temos de recorrer à conjectura, no tocante ao assunto". A. Lang, *Secret of the totem*, p. 27. — "Em nenhuma parte vemos homens absolutamente primitivos, nem um sistema totêmico em formação", p. 29.

McLennan, o escocês que descobriu para a ciência o totemismo e a exogamia,[40] absteve-se de tornar pública sua opinião sobre a gênese do totemismo. Segundo comunicação de A. Lang, durante algum tempo ele se inclinou a relacionar o totemismo ao costume da tatuagem. Proponho dividir em três grupos as teorias que foram publicadas sobre a gênese do totemismo.

α) As teorias nominalistas

O que informo sobre essas teorias justificará sua reunião sob o título aqui adotado.

Garcilaso de la Vega, um descendente dos incas peruanos que escreveu no século XVII a história de seu povo, já teria explicado o que sabia do totemismo pela necessidade dos clãs de se distinguirem uns dos outros através de nomes [A. Lang]. O mesmo pensamento surge séculos depois, na *Ethnology*, de A. K. Keane: os totens teriam se originado de "*heraldic badges*" (brasões), mediante os quais os indivíduos, famílias e clãs quiseram diferenciar-se [ibid.].

Max-Müller exprimiu a mesma opinião sobre o significado do totem em suas *Contributions to the science of mithology* [ibid.]. Um totem seria: 1. Um distintivo de clã; 2. um nome de clã; 3. o nome de um ancestral do clã; 4. o nome de um objeto adorado pelo clã. E depois J. Pikler, em 1899: "Os homens necessitavam, para comunidades e indivíduos, de um nome duradouro, que pudesse ser fixado por escrito [...]. Portanto, o totemismo não surge da necessidade religiosa, mas das sóbrias necessidades cotidianas da humanidade. O núcleo do totemismo, a denominação, é uma consequência da pri-

40 "The worship of animals and plants" [A adoração de animais e plantas], *Fortnightly Review*, 1869-70; "Primitive marriage" [O casamento primitivo], 1865; ambos os trabalhos foram reproduzidos em *Ancient History*, 1876, 2ª ed., 1886.

mitiva técnica de escritura. A característica do totem é a mesma dos signos de escrita facilmente representáveis. Tendo o nome de um animal, os selvagens derivavam dele a ideia de um parentesco com esse animal".[41]

Também Herbert Spencer atribuiu à designação uma importância decisiva na gênese do totemismo.[42] As particularidades de certos indivíduos teriam levado a que recebessem nomes de animais, chegando assim a nomes honoríficos ou sobrenomes, que prosseguiram com seus descendentes. Graças à indefinição e incompreensibilidade das línguas primitivas, as gerações posteriores teriam visto esses nomes como prova de sua descendência desses animais. O totemismo se revelaria, então, uma equivocada veneração dos ancestrais.

De maneira semelhante, embora sem sublinhar o equívoco, lorde Avebury (mais conhecido por seu nome anterior de John Lubbock) interpretou a gênese do totemismo: se queremos explicar a adoração de animais, não podemos esquecer com que frequência os nomes de pessoas são tirados de animais. Os filhos e seguidores de um homem chamado de Urso ou Leão transformaram isso, naturalmente, em um nome de clã. Daí resultou que o animal mesmo foi alvo de certo respeito e, enfim, adoração.

Uma objeção que parece incontestável a essa derivação dos nomes de totens dos nomes de indivíduos foi feita por Fison.[43] Ele mostra, com base em informações recolhidas na Austrália, que o totem é sempre a marca

41 Pikler e Somló, *Der Ursprung des Totemismus* [A origem do totemismo], 1901. Os autores qualificam sua tentativa de explicação, justificadamente, como "Contribuição à teoria materialista da história".

42 "The origin of animal worship"; *Prinzipien der Soziologie*, v. I, §§ 169-76.

43 L. Fison [e A. W. Howitt], *Kamilaroi und Kurmai*, 1880, p. 165 (apud Lang, *The secret of the totem* [p. 141]).

de um grupo, jamais de uma pessoa. Mesmo que fosse diferente, que o totem fosse originalmente o nome de um indivíduo, este não poderia nunca passar para os filhos, dado o sistema de herança materna.

Além disso, as teorias até agora mencionadas são claramente insatisfatórias. Explicam talvez o fato de os clãs primitivos terem nomes de animais, mas de modo nenhum o significado que essa atribuição de nomes adquiriu para eles, o sistema totêmico. A teoria desse grupo que mais merece atenção é a de Andrew Lang, desenvolvida em *Social origins*, de 1903, e *The secret of the totem*, de 1905. Ele ainda vê na atribuição de nomes o cerne do problema, mas trabalha com dois fatores psicológicos interessantes e pretende, assim, ter chegado à solução definitiva do mistério do totemismo.

Lang acredita ser indiferente, em princípio, de que modo os clãs adotaram nomes de animais. Suponha-se, apenas, que um dia lhes veio à consciência que os tinham, e que não sabiam explicar a si mesmos de onde vinham. *A origem desses nomes foi esquecida*. Então eles buscariam, através de especulação, elucidar aquilo para si mesmos, e, dadas as suas convicções sobre a importância dos nomes, chegariam necessariamente a todas as ideias do sistema totêmico. Para os primitivos, como para os selvagens de hoje e mesmo para nossas crianças, os nomes não são algo indiferente e convencional, como nos parecem ser, mas algo essencial e pleno de sentido. O nome de alguém é parte importante de sua pessoa, talvez de sua alma. Ter o mesmo nome de um animal deve ter levado os primitivos a supor um laço misterioso e significativo entre eles e aquela espécie animal. Que laço poderia ser este, senão o do parentesco sanguíneo? Uma vez admitido esse parentesco, graças à identidade de nomes, dele resultariam, como consequências diretas do tabu do sangue, todos os preceitos totêmicos, incluindo a exogamia.

"Apenas essas três coisas — o nome de um grupo animal de origem desconhecida; a crença numa conexão transcendental entre todos os portadores do mesmo nome, humanos e animais; e a crença nas superstições de sangue — eram necessárias para fazer surgir todos os credos e práticas totêmicas, incluindo a exogamia" (*Secret of the totem*, p. 126).

A explicação de Lang se dá em dois tempos, digamos. Ela deriva o sistema totêmico, por via da necessidade psicológica, da existência dos nomes de totens, sob o pressuposto de que a origem da denominação foi esquecida. A outra parte da teoria busca esclarecer a origem desses nomes; veremos que ela é de cunho bastante diferente da primeira.

Essa outra parte da teoria de Lang não se afasta essencialmente daquelas que chamei de "nominalistas". A necessidade prática de diferenciação obrigou os clãs a adotar nomes, por isso aceitaram os nomes que cada um recebia dos outros. Esse "*naming from without*" [denominação a partir de fora] é a peculiaridade da construção de Lang. O fato de os nomes assim produzidos serem tomados de animais não é de surpreender e não era visto necessariamente como xingamento ou escárnio pelos primitivos. Aliás, Lang apresenta casos de épocas mais recentes, que não são poucos, em que nomes dados originalmente como zombaria foram aceitos de bom grado pelos assim designados (*Gueux*, *Whigs*, *Tories*). A hipótese de que a origem desses nomes foi esquecida no decorrer do tempo relaciona esta segunda parte da teoria de Lang com a primeira.

β) As teorias sociológicas

Reinach, que pesquisou com êxito os vestígios do totemismo nos cultos e costumes de épocas posteriores, mas desde o início menosprezou o fator da descendência do animal totêmico, escreve confiantemente que o totemismo, a seu ver, não é senão "*une hypertrophie de l'instinct social*".

A mesma concepção parece permear a nova obra de E. Durkheim, *Les formes élémentaires de la vie religieuse: le système totémique en Australie* (1912). O totem é o representante visível da religião social desses povos. Ele encarna a comunidade, que é o verdadeiro objeto da adoração.

Outros autores buscaram um fundamento mais preciso para essa participação dos instintos sociais na formação das instituições totêmicas. Assim, A. C. Haddon supôs que todo clã primitivo vivia originalmente de uma espécie determinada de animal ou planta, talvez praticasse também o comércio com esse alimento e o passasse para outros clãs em escambo. Era inevitável, dessa forma, que o clã se tornasse conhecido pelo nome do animal que tinha tamanha importância para ele. Ao mesmo tempo, deve ter se desenvolvido nesse clã uma grande familiaridade com aquele animal e um forte interesse por ele, que não se baseava, porém, em outro motivo psíquico que não a mais elementar e premente das necessidades humanas, a fome.[44]

As objeções a essa teoria, a mais racional daquelas relativas ao totem, afirmam que tais condições de alimentação não se acham em nenhum povo primitivo, e provavelmente jamais existiram. Os selvagens seriam onívoros, e tanto mais quanto mais baixa a sua condição. Além disso, não se compreende por que essa dieta exclusiva favoreceria o desenvolvimento de uma atitude quase religiosa perante o totem, que culminou na abstenção completa do alimento favorito.

A primeira das três teorias que Frazer formulou sobre o totem era psicológica; ela será abordada em outro lugar. A segunda, que aqui discutimos, nasceu sob a impressão pro-

44 "Address to the anthropological section", British Association, Belfast, 1902, apud Frazer, *Totemism and exogamy*, v. IV, pp. 50 ss.

duzida pela publicação de dois pesquisadores sobre os nativos da Austrália Central [Baldwin Spencer e H. J. Gillen].

Spencer e Gillen descreveram num grupo de tribos, a chamada *nação Arunta*, uma série de instituições, usos e crenças características, e Frazer acompanhou seu julgamento de que essas peculiaridades seriam traços de um estado primordial e poderiam informar sobre o sentido primeiro e verdadeiro do totemismo.

Essas peculiaridades são, na tribo arunta mesma (uma parte da nação arunta), as seguintes:

1. Eles têm a divisão em clãs totêmicos, mas o totem não é transmitido hereditariamente, e sim (de uma forma que ainda explicaremos) determinado individualmente.

2. Os clãs não são exógamos, as restrições ao casamento são produzidas por uma divisão em classes matrimoniais altamente desenvolvida, que nada tem a ver com os totens.

3. A função dos clãs totêmicos consiste em realizar uma cerimônia que visa, de forma singularmente mágica, a multiplicação do objeto totêmico comestível (esta cerimônia chama-se *intichiuma*).

4. Os aruntas têm uma peculiar teoria da concepção e da reencarnação. Eles creem que, em determinados lugares de sua terra, os espíritos dos mortos de mesmo totem aguardam sua reencarnação e entram no corpo das mulheres que passam por aqueles lugares. O filho nascendo, a mãe diz em qual dessas estações de espíritos ela acha que o concebeu. O totem da criança é determinado segundo esse lugar. Também acham que os espíritos (dos mortos e dos renascidos) são vinculados a peculiares amuletos de pedra (chamados *churingas*) encontrados nesses locais.

Dois fatores parecem ter induzido Frazer a pensar que as instituições dos aruntas são a mais antiga forma de totemismo. Primeiro, a existência de certos mitos, que afirmavam que os ancestrais dos aruntas se alimentavam regularmente do seu totem e não se uniam com outras mulheres que não as de seu totem. Segundo, a aparente irrelevância do ato sexual em sua teoria da concepção. De fato, homens que ainda não notaram que a concepção é consequência da relação sexual podem ser vistos como os mais atrasados e primitivos entre os que vivem atualmente.

Ao basear sua apreciação do totemismo na cerimônia do *intichiuma*, Frazer enxergou o sistema totêmico sob uma luz inteiramente nova, como organização puramente prática para atender às necessidades mais naturais do ser humano (cf. Haddon, acima).[45] O sistema era simplesmente "*cooperative magic*" em grande escala. Os primitivos formaram, por assim dizer, uma agremiação mágica de produção e consumo. Cada clã totêmico assumiu a tarefa de garantir a provisão de determinado alimento. Tratando-se de totens não comestíveis, como animais nocivos, vento, chuva etc., o dever do clã era controlar esse elemento da natureza e torná-lo inofensivo. As realizações de cada clã beneficiavam todos os demais. Dado que um clã não podia comer nada — ou muito pouco — de seu totem, fornecia esse precioso bem para os outros e era por eles abastecido com o que tinham de providenciar, como dever social totêmico. À luz dessa concepção, obtida através da cerimônia do *intichiuma*, pareceu a Frazer que a proibição de comer o próprio totem havia cegado as pessoas, levando-as a negligenciar o aspecto mais importante da situação, isto é, o mandamento de arranjar totem comestível o bastante para as necessidades dos outros.

45 "Não há nada vago ou místico nisso, nada daquela névoa metafísica que alguns autores gostam de conjurar em cima dos humildes começos da especulação humana, mas que é inteiramente estranha aos modos de pensamento simples, sensuais e concretos do selvagem" (Frazer, *Totemism and exogamy*, v. 1, p. 117).

Frazer aceitou a tradição arunta de que todo clã totêmico se alimentava originalmente de seu totem, sem restrição. Mas então foi difícil compreender a etapa seguinte, em que os membros do clã se contentavam em garantir o totem para os outros, enquanto praticamente renunciavam à fruição própria. Ele supôs, então, que essa limitação não se teria originado de uma espécie de respeito religioso, mas talvez da observação de que nenhum animal costuma devorar seus iguais, de forma que essa ruptura na identificação com o totem prejudicaria o poder que se desejava adquirir sobre ele; ou de uma tendência a, poupando-o, ganhar sua simpatia. Frazer não ocultou de si mesmo as dificuldades dessa explicação [ibid.], e também não ousou indicar de que maneira o hábito de contrair matrimônio dentro do totem, assinalado pelos mitos aruntas, foi transformado em exogamia.

A teoria que Frazer fundamentou no *intichiuma* depende do reconhecimento da natureza primitiva das instituições aruntas. Mas parece impossível defender esta última das objeções apresentadas por Durkheim e Lang. Os aruntas parecem ser, na verdade, as mais desenvolvidas das tribos australianas e representar antes um estágio de dissolução do que o início do totemismo. Os mitos que tanto impressionaram Frazer, porque, à diferença das instituições agora vigentes, enfatizam a liberdade de comer o totem e casar no interior do totem, poderíamos facilmente explicar como fantasias com desejos que são projetadas no passado, tal como o mito de uma Idade de Ouro.

γ) As teorias psicológicas

A primeira teoria psicológica de Frazer, formulada antes de conhecer as observações de Spencer e Gillen, baseava-se na crença numa "alma externa".[46] O totem devia representar um lugar seguro de refúgio para a alma, no

46 *The golden bough*, II, p. 332.

qual ela é depositada para escapar aos perigos que a ameaçam. Se o primitivo abrigava sua alma no totem, era ele mesmo invulnerável e, naturalmente, evitava ferir o portador de sua alma. Mas, como não sabia qual indivíduo da espécie animal era esse portador, inclinava-se a poupar a espécie inteira. Mais tarde Frazer abandonou essa teoria de que o totemismo vem da crença em almas.

Ao tomar conhecimento das observações de Spencer e Gillen, propôs a teoria sociológica que acabamos de ver, mas logo achou que o motivo de que fazia derivar o totemismo era "racional" demais, e que havia pressuposto uma organização social complicada demais para ser considerada primitiva.[47] As associações cooperativas mágicas pareceram-lhe frutos tardios, em vez de germens do totemismo. Buscou um fator mais simples, uma superstição primitiva por trás dessas formações, para com ele relacionar a gênese do totemismo. Esse fator original ele encontrou na singular teoria da concepção dos aruntas.

Os aruntas, como já mencionei, eliminam o nexo entre a concepção e o ato sexual. Quando uma mulher se sente grávida, é porque um dos espíritos que aguardam o renascimento, na mais próxima estação de espíritos, entrou em seu corpo e dela nascerá. Esse filho tem o mesmo totem de todos os espíritos que aguardam naquele lugar. Essa teoria da concepção não pode explicar o totemismo, já que pressupõe o totem. Mas se recuamos um pouco mais e supomos que originalmente a mulher acreditou que o animal, a planta, a pedra, o objeto que ocupou sua fantasia no instante em que se sentiu grávida, nela realmente penetrou e dela nascerá em forma

47 "É improvável que uma comunidade de selvagens divida intencionalmente o reino da natureza em províncias, distribua cada província para um grupo particular de mágicos e ordene a todos os grupos que façam sua mágica e teçam seus sortilégios para o bem comum", *Totemism and exogamy*, v. IV, p. 57.

humana, então a identidade de um indivíduo com seu totem seria realmente justificada pela crença da mãe, e todos os outros mandamentos do totem (excetuando a exogamia) poderiam facilmente decorrer disso. O indivíduo se recusaria a comer desse animal, dessa planta, porque estaria comendo a si mesmo. Mas de vez em quando seria levado a fruir cerimoniosamente do seu totem, pois assim poderia reforçar a identificação com o totem, que é o essencial no totemismo. Observações de W. H. R. Rivers, realizadas nos nativos das ilhas Banks, pareceram provar a identificação direta de indivíduos com seu totem, com base nessa teoria da concepção.

A derradeira fonte do totemismo seria, então, a incerteza dos selvagens quanto ao processo pelo qual homens e animais se reproduzem. Em especial, a ignorância do papel dos machos na fecundação. Tal ignorância deve ser favorecida pelo longo intervalo entre o ato da fecundação e o nascimento da criança (ou a sensação dos primeiros movimentos da criança). Por isso o totemismo é uma criação do espírito feminino, não do masculino. Suas raízes estão nos caprichos (*sick fancies* [fantasias doentes]) da mulher grávida. "De fato, tudo que impressionou a mulher naquele misterioso momento de sua vida, quando ela primeiramente se deu conta de ser uma mãe, pode ser facilmente identificado por ela com a criança que tem no ventre. Tais fantasias maternas, tão naturais e, ao que tudo indica, tão universais, parecem ser a raiz do totemismo" [ibid.].

A principal objeção à terceira teoria de Frazer é a mesma que foi apresentada contra a segunda, a sociológica. Os aruntas parecem ter se distanciado bastante dos primórdios do totemismo. Sua negação da paternidade não parece decorrer de uma ignorância primitiva; em alguns aspectos, inclusive, eles têm a herança pela via paterna. Eles parecem ter sacrificado a paternidade a um tipo de especulação, a fim de venerar os espíritos ancestrais.[48] Se elevam o mito da imaculada concepção através do espírito a uma teoria geral da concepção, não podemos, por causa disso, atribuir-lhes desconhecimento das condições da reprodução, assim como não o fazemos com os povos da Antiguidade na época em que surgiram os mitos cristãos.

Outra teoria psicológica da origem do totemismo foi proposta pelo holandês G. A. Wilken. Ela faz uma relação entre o totemismo e a transmigração das almas. "O animal em que, segundo a crença geral, as almas dos mortos encarnam de preferência, torna-se um parente, um ancestral, e como tal é venerado." Mais provavelmente, no entanto, a crença de que as almas transmigram para animais deriva do totemismo, e não o contrário [Frazer].

Outra teoria sobre o totemismo é defendida por eminentes etnólogos americanos como Franz Boas, C. Hill-Tout e outros. Ela parte de observações feitas em clãs totêmicos indígenas e afirma que o totem é originalmente o espírito protetor de um ancestral, que este adquiriu num sonho e transmitiu para os descendentes. Já vimos as dificuldades que oferece a hipótese da origem do totemismo como herança de um indivíduo; além do mais, as evidências australianas não apoiariam a ideia de fazer o totem remontar ao espírito protetor [ibid.].

Quanto à última teoria psicológica, enunciada por Wundt, dois fatos são para ela decisivos: primeiro, o objeto totêmico original e mais difundido é o animal; e segundo, os primeiros animais totêmicos coincidem com os "animais-almas" [*Seelentiere*] [Wundt]. "Animais-almas", como pássaros, serpentes, ratos, lagartos, prestam-se a serem tidos como os portadores da alma que abandona o corpo, devido à sua grande mobilidade, sua capacidade de voar e outras peculiaridades que

48 "Esta crença é uma filosofia que está longe de ser primitiva", A. Lang, *Secret of the totem*, p. 192.

causam surpresa e aversão. O animal totêmico é derivado das transformações da alma-sopro [*Hauchseele*] em animais. Assim, para Wundt o totemismo vai dar diretamente na crença em almas ou animismo.

### b) e c) A ORIGEM DA EXOGAMIA E SUA RELAÇÃO COM O TOTEMISMO

Expus as teorias do totemismo em algum detalhe, mas temo que a inevitável abreviação que ainda assim sofreram tenha prejudicado o seu efeito. Nas questões que se seguem tomarei a liberdade, no interesse dos leitores, de uma concisão ainda maior. As discussões sobre a exogamia dos povos totêmicos são, devido à natureza do material, particularmente complicadas e de difícil apreensão — confusas, podemos dizer. Os propósitos deste ensaio consentem que eu me limite a destacar algumas diretrizes, remetendo os que desejarem aprofundar o assunto às obras especializadas que tantas vezes citei.

A posição de um autor ante os problemas da exogamia está relacionada, naturalmente, à adoção desta ou daquela teoria sobre o totem. Algumas dessas explicações do totemismo dispensam qualquer nexo com a exogamia, de modo que as duas instituições são totalmente separadas. Duas concepções aqui se defrontam: uma mantém a visão original de que a exogamia é parte essencial do sistema totêmico, a outra nega esse vínculo e crê na coexistência fortuita dos dois traços das mais antigas culturas. Em seus últimos trabalhos, Frazer defendeu resolutamente o segundo ponto de vista: "Devo solicitar ao leitor para ter sempre em mente que as duas instituições do totemismo e da exogamia são de origem e natureza fundamentalmente distintas, embora se tenham acidentalmente cruzado e misturado em muitas tribos" (*Totemism and exogamy*, v. I, Prefácio, p. XII).

Ele adverte explicitamente quanto à outra opinião, que seria fonte de intermináveis dificuldades e incompreensões. De modo contrário, alguns autores vieram a enxergar na exogamia a consequência necessária das concepções totêmicas fundamentais. Durkheim expôs em seus trabalhos como o tabu ligado ao totem acarretaria a proibição de usar uma mulher do mesmo totem para relações sexuais. O totem é do mesmo sangue que o indivíduo, daí a interdição do sangue (ligada à defloração e à menstruação) proibir as relações sexuais com a mulher que pertence ao mesmo totem.[49] Andrew Lang, que nisso está de acordo com Durkheim, acha inclusive que a proibição de ter mulheres do mesmo clã não requer a interdição do sangue para vigorar. Para isso bastaria o tabu geral do totem, que proíbe, por exemplo, ficar sentado à sombra da árvore totêmica. Aliás, Lang também defende uma outra origem para a exogamia (ver adiante), sem deixar claro como as duas explicações se relacionam.

Quanto à sucessão cronológica, a maioria dos autores tende à opinião de que o totemismo é a instituição mais velha, que a exogamia lhe sobreveio bem mais tarde.[50]

Entre as teorias que buscam explicar a exogamia de forma independente do totemismo, serão destacadas apenas aquelas que esclarecem as diferentes atitudes dos autores ante o problema do incesto.

McLennan inferiu a existência da exogamia, engenhosamente, dos vestígios de costumes que indicavam a prática do rapto de mulheres. Ele então supôs que em tempos primevos havia sido comum obter a mulher numa tribo estrangeira, e o casamento com uma mulher da própria tribo acabou por não ser mais admitido,

49 Ver a crítica dos argumentos de Durkheim em Frazer, *Totemism and exogamy*, v. IV, p. 101.

50 Cf. Frazer, por exemplo, *Totemism and exogamy*, v. IV, p. 75: "O clã totêmico é um organismo social muito diferente do clã exógamo, e temos boas razões para crer que é bem mais velho".

já que se tornara excepcional.[51] Buscou o motivo para esse hábito da exogamia na falta de mulheres das tribos primitivas, resultante do costume de liquidar a maioria das crianças de sexo feminino no instante do nascimento. Não nos cabe verificar se as hipóteses de McLennan são comprovadas pelos fatos. Interessa-nos, isto sim, o argumento de que permanece inexplicado, conforme as premissas do autor, por que os homens da tribo tornariam inacessíveis a si mesmos as poucas mulheres de seu próprio sangue, e o modo como o problema do incesto é deixado inteiramente de lado [Frazer].

Em oposição a isso, e evidentemente com maior razão, outros estudiosos viram a exogamia como uma instituição destinada à prevenção do incesto.

Considerando a crescente complexidade das restrições matrimoniais australianas, não há como não partilhar o juízo de Morgan, Frazer, Howitt e Baldwin Spencer, de que essas disposições têm o cunho da intenção deliberada ("*deliberate design*", segundo Frazer), e que objetivam o que realmente conseguiram. "De nenhuma outra forma parece possível explicar, em todos os seus detalhes, um sistema tão complexo e tão regular ao mesmo tempo" [ibid.].

É interessante notar que as primeiras restrições geradas pela introdução de classes matrimoniais afetaram a liberdade sexual da geração mais nova, ou seja, o incesto entre irmãos e entre filhos e mães, e que somente medidas posteriores suprimiram o incesto entre pais e filhas.

Fazer as restrições sexuais exogâmicas remontarem a uma intenção legisladora não ajuda a compreender o motivo pelo qual essas instituições foram criadas. De onde vem, em última análise, o horror ao incesto, no qual se deve reconhecer a raiz da exogamia? Evidentemente não basta, para explicar essa repulsa, invocar uma repugnân-

51 "Impróprio porque era incomum".

cia instintiva ao ato sexual entre parentes consanguíneos, isto é, invocar o fato mesmo do horror ao incesto, quando a experiência social demonstra que, apesar desse instinto [*Instinkt*], o incesto não é um acontecimento raro nem mesmo na sociedade de hoje, e quando a experiência histórica sabe de casos em que o matrimônio incestuoso de pessoas privilegiadas era um preceito.

Westermarck[52] afirmou, explicando o horror ao incesto, que "entre pessoas que desde a infância vivem juntas há uma inata aversão ao intercurso sexual, e, como tais pessoas são em geral parentes consanguíneos, este sentimento acha expressão natural no costume e na lei, através do horror ao comércio sexual entre parentes próximos". Havelock Ellis, em seus *Studies in the psychology of sex*, questiona o caráter instintual [*triebhaft*] dessa aversão, mas concorda essencialmente com a explicação, dizendo: "O normal fracasso do instinto acasalador em manifestar-se no caso de irmãos e irmãs, ou de meninos e meninas criados juntos desde a infância, é um fenômeno meramente negativo, devido à absoluta ausência nessas circunstâncias das condições que evocam o instinto acasalador [...]. Entre aqueles que foram criados juntos, todos os estímulos sensoriais de visão, audição e toque foram embotados pelo uso, educados até o calmo nível da afeição e privados de sua capacidade de despertar a excitação 'eretística' que produz a tumescência sexual".

Parece-me digno de nota que Westermarck veja essa inata aversão às relações sexuais com pessoas com as quais se partilhou a infância como, ao mesmo tempo, uma representação psíquica do fato biológico de que a endogamia é prejudicial à espécie. Semelhante instinto

52 *Ursprung und Entwicklung der Moralbegriffe* [Origem e desenvolvimento dos conceitos morais], v. II, *Die Ehe* [O casamento], 1909. Aí também se acha a réplica do autor às objeções que lhe chegaram ao conhecimento.

[*Instinkt*] biológico se enganaria a tal ponto que, em vez de atingir os parentes consanguíneos, prejudiciais à reprodução, afetaria os habitantes da mesma casa, inteiramente inofensivos nesse aspecto. Não posso deixar de me referir também à excelente crítica endereçada por Frazer à afirmação de Westermarck. Ele acha incompreensível que a sensibilidade sexual de hoje não se oponha às relações com aqueles que dividem o mesmo lar, enquanto o horror ao incesto, que seria apenas um derivado dessa oposição, cresceu tanto atualmente. Mas há outras observações de Frazer que vão mais fundo, e eu as citarei na íntegra, pois concordam essencialmente com os argumentos desenvolvidos em meu ensaio sobre o tabu:

> "Não é fácil ver por que um instinto humano profundo necessitaria ser reforçado por uma lei. Não existe lei ordenando que os homens comam ou bebam, ou proibindo-os de pôr as mãos no fogo. Os homens comem e bebem e mantêm as mãos longe do fogo instintivamente, por medo de penalidades naturais, não legais, que seriam trazidas pela violência feita a esses instintos. A lei os proíbe apenas de fazer o que seus instintos os inclinam a fazer; seria supérfluo que a lei proibisse e punisse o que a natureza mesma proíbe e pune. Assim, podemos tranquilamente supor que os crimes proibidos por lei são crimes que muitos homens têm propensão natural a cometer. Se não houvesse tal propensão não haveria tais crimes, e se tais crimes não fossem cometidos, que necessidade haveria de proibi-los? Portanto, em vez de supor, pela proibição legal do incesto, que há uma aversão natural ao incesto, deveríamos supor que há um instinto natural para ele, e que se a lei o reprime, como reprime outros instintos naturais, assim o faz porque os homens civilizados chegaram à conclusão de que a satisfação desses instintos naturais é nociva aos interesses gerais da sociedade."

A esta preciosa argumentação de Frazer posso acrescentar que a experiência da psicanálise mostra ser insustentável a suposição de uma inata aversão ao incesto. Ensina, pelo contrário, que os primeiros impulsos sexuais dos jovens seres humanos são de caráter incestuoso, e que tais impulsos reprimidos têm, como forças motrizes de neuroses posteriores, um papel que não se pode exagerar.

Portanto, a concepção do horror ao incesto como um instinto [*Instinkt*] inato deve ser abandonada. Não é diferente com outra explicação para a proibição do incesto, que tem numerosos seguidores: a hipótese de que os povos primitivos logo se deram conta dos perigos que a endogamia representava para a sua estirpe, e por isso adotaram intencionalmente a proibição. São várias as objeções a essa tentativa de explicação [Durkheim]. Não apenas a proibição do incesto deve ser mais antiga do que a criação de animais domésticos, na qual o homem pôde observar os efeitos da endogamia sobre as características da raça, como ainda hoje as consequências nocivas da endogamia não foram estabelecidas além de qualquer dúvida e não são facilmente demonstráveis no ser humano. E, pelo que sabemos sobre os selvagens de hoje, é muito improvável que seus mais distantes ancestrais já se preocupassem em evitar danos aos futuros descendentes. Seria algo absurdo atribuir a essas criaturas descuidadas, que viviam apenas o instante, motivos higiênicos e eugênicos que mal são considerados na cultura de hoje.[53]

É preciso objetar, enfim, que a proibição da endogamia por motivos práticos de higiene, como um fator debilitante da raça, parece inteiramente inadequada para explicar a profunda aversão que a nossa sociedade de-

53 Charles Darwin afirma sobre os selvagens [em *The variation of animals and plants under domestication*, Londres, 2ª ed., 1875, v. II, p. 127], que "é pouco provável que eles reflitam sobre os males distantes que poderão afetar sua progênie".

monstra pelo incesto. Como expus em outro lugar, esse horror ao incesto é ainda mais vivo e mais forte entre os povos primitivos atuais do que entre os civilizados.

Também quanto à origem do horror ao incesto seria de esperar que tivéssemos a escolha entre explicações sociológicas, biológicas e psicológicas, em que os motivos psicológicos seriam talvez considerados representação de forças biológicas; mas somos obrigados, no final da pesquisa, a concordar com a resignada sentença de Frazer, de que não conhecemos a origem do horror ao incesto e não sabemos sequer que direção tomar. Nenhuma das soluções até aqui apresentadas para o enigma parece satisfatória.[54]

Devo ainda mencionar uma tentativa de elucidar a gênese do horror ao incesto que é de um tipo muito diferente das até agora consideradas. Podemos designá-la como uma explicação "histórica".

Essa tentativa relaciona-se a uma hipótese de Charles Darwin sobre o estado social primevo do homem. Ele deduziu, dos hábitos de vida dos macacos superiores, que também o homem viveu originalmente em pequenas hordas, dentro das quais o ciúme do macho mais velho e mais forte impediu a promiscuidade.

> "Podemos realmente concluir, do que sabemos sobre o ciúme dos quadrúpedes machos, dotados, como muitos deles são, de armas especiais para lutar com os adversários, que o intercurso promíscuo no estado de natureza é extremamente improvável [...]. Portanto, se olharmos bastante para trás no curso do tempo, [...] julgando pelos hábitos sociais do homem tal como hoje existe [...] a concepção mais provável é de que o homem primevo origi-

54 "Assim, o origem última da exogamia e, com ela, da lei do incesto — pois a exogamia foi inventada para impedir o incesto — continua um problema quase tão obscuro como antes", *Totemism and exogamy*, v. 1, p. 165.

> nalmente viveu em pequenas comunidades, cada um com tantas esposas quantas podia obter e sustentar, que ele ciumentamente guardaria dos outros homens. Ou pode ter vivido sozinho com várias esposas, como o gorila; pois todos os nativos 'concordam em que apenas um macho adulto é enxergado num bando; quando o macho jovem cresce, há uma disputa pelo domínio, e o mais forte, matando ou expulsando os outros, estabelece-se como o líder da comunidade' (dr. Savage, em *Boston Journal of Natural History*, v. V, 1845-7, p. 423). Os machos jovens, vagando após serem expulsos, impediriam, quando enfim encontrassem uma parceira, uniões consanguíneas muito próximas no interior da mesma família" [Darwin].

Atkinson deve ter sido o primeiro a notar que essas condições da horda primitiva de Darwin impunham praticamente a exogamia dos homens jovens. Cada um desses jovens expulsos podia fundar uma horda semelhante, na qual vigorasse a mesma proibição de atos sexuais motivada pelo ciúme do chefe, e no curso do tempo essas circunstâncias resultariam na regra, agora consciente em forma de lei: "Nada de relações sexuais entre companheiros de horda". Após o estabelecimento do totemismo a regra teria se transformado em: "Nada de relações sexuais no interior do totem".

Andrew Lang aderiu a essa explicação da exogamia. Mas no mesmo livro ele defende a outra teoria (de Durkheim), que vê a exogamia como consequência das leis do totem. Não é nada fácil juntar as duas concepções; no primeiro caso, havia exogamia antes do totemismo; no segundo, ela seria consequência dele [ibid.].

## 3

A experiência psicanalítica lança um único raio de luz nessa escuridão.

Há muita semelhança entre a relação das crianças com os animais e a dos primitivos. A criança não mostra ainda nenhum traço da arrogância que leva o homem adulto civilizado a desenhar uma fronteira nítida entre a sua natureza e a dos outros animais. Sem hesitação, a criança vê o animal como seu igual; no franco reconhecimento de suas necessidades sente-se talvez mais próxima do animal que da pessoa adulta, que provavelmente lhe parece um enigma.

Nesse bom entendimento entre a criança e o animal ocorre às vezes uma singular perturbação. A criança começa, de repente, a temer uma determinada espécie animal e evitar o contato ou a visão de todos os indivíduos daquela espécie. Produz-se o quadro clínico de uma *zoofobia*, uma das mais frequentes enfermidades psiconeuróticas dessa idade, e talvez a primeira delas. Geralmente a fobia diz respeito a bichos pelos quais a criança demonstrou vivo interesse até então, nada tendo a ver com aquele indivíduo. Os animais passíveis de ser objeto de fobia não são numerosos nas condições de vida das cidades. São cavalos, cães, gatos, mais raramente pássaros, e, com notável frequência, bichos pequenos como besouros e borboletas. Às vezes, animais que a criança conhece apenas de livros ilustrados e de fábulas que ouviu tornam-se objeto do medo absurdo e desmedido que aparece nessas fobias. São raras as ocasiões em que sabemos como se deu uma escolha insólita do animal que provoca o medo. Devo a Karl Abraham a comunicação de um caso em que a criança mesma explicou o medo de vespas pelo fato de as cores e listas do corpo da vespa lhe lembrarem o tigre, o qual se devia temer, pelo que sabia.

As zoofobias das crianças ainda não foram objeto de uma cuidadosa investigação psicanalítica, embora muito a mereçam. As dificuldades em analisar crianças de tão pouca idade são talvez o motivo desta omissão. Não se pode afirmar, então, que conhecemos o sentido geral dessa enfermidade, e sou de opinião que ele não se revelaria unívoco. Mas alguns casos dessas fobias referentes a animais grandes mostraram-se acessíveis à análise, e assim entregaram ao pesquisador seu segredo. Foi o mesmo em cada caso: quando as crianças examinadas eram meninos, o medo concernia ao pai, no fundo, tendo sido apenas deslocado para o animal.

Todo aquele com experiência da psicanálise já viu desses casos, e deles adquiriu a mesma impressão. No entanto, posso referir-me a poucas publicações detalhadas sobre o tema. É um acaso da bibliografia, do qual não se deve inferir que só podemos basear nossas afirmações em observações isoladas. Mencionarei, por exemplo, um autor que se ocupou judiciosamente das neuroses infantis, o dr. M. Wulff, de Odessa. Ele relata o caso de um garoto de nove anos de idade que sofreu de uma fobia de cachorros quando tinha quatro anos. "Ao ver um cão passar na rua, ele chorava e dizia, gritando: 'Não me pegue, cachorro, eu vou ser bonzinho'. Por 'ser bonzinho' ele entendia: 'não tocar mais violino' (masturbar-se)" [M. Wulff].

O mesmo autor explica que "sua fobia de cachorros é, na verdade, o medo do pai deslocado para os cachorros, pois a singular declaração: 'Vou ser bonzinho, cachorro' — isto é, não vai se masturbar — refere-se propriamente ao pai, que proibiu a masturbação". E numa nota ele acrescenta o seguinte, que combina com minha observação e, ao mesmo tempo, testemunha a frequência de tais experiências: "Creio que essas fobias (de cavalos, cachorros, gatos, galinhas e outros animais domésticos) são tão difundidas na infância quanto o *pavor nocturnus*, e na análise quase sempre se mostram como um deslocamento do medo a um dos pais para os animais. Quanto à fobia de ratos, que é tão difundida, não posso afirmar que tenha o mesmo mecanismo".

No primeiro volume do *Jahrbuch für psychoanalytische und psychopathologische Forschungen* [Anuário de

Pesquisas Psicanalíticas e Psicopatológicas] publiquei a "Análise da fobia de um garoto de cinco anos" [1909], que o pai do pequeno paciente havia colocado à minha disposição. Tratava-se de um medo de cavalos, em consequência do qual o menino se recusava a sair às ruas. Ele expressava o temor de que o cavalo entrasse no aposento e o mordesse. Verificou-se que este seria o castigo por seu desejo de que o cavalo caísse (morresse). Depois que o medo do garoto ao pai foi afastado, assegurando-lhe repetidamente que não havia razão para isso, percebemos que ele estava às voltas com desejos que tinham por conteúdo a ausência (partida, morte) do pai. Ele enxergava no pai, como claramente dava a entender, um concorrente no favor da mãe, para a qual se dirigiam, em vagos prenúncios, os seus desejos sexuais nascentes. Achava-se, portanto, na típica postura do filho homem em relação aos pais, que denominamos "complexo de Édipo" e na qual vemos o complexo nuclear das neuroses. O que aprendemos de novo, na análise do "pequeno Hans", é o fato — valioso para o totemismo — de que em tais condições a criança desloca, do pai para o animal, uma parte de seus sentimentos.

A análise mostra as vias de associação pelas quais se dá esse deslocamento, tanto as de conteúdo significativo como as casuais. Também permite perceber seus motivos. O ódio que vem da rivalidade pela mãe não é capaz de difundir-se sem entraves na psique do garoto, tem de lutar com o afeto e a admiração que sempre existiram pela mesma pessoa; o menino se acha numa atitude emocional dúplice — *ambivalente* — perante o pai, e procura alívio, nesse conflito de ambivalência, deslocando seus sentimentos hostis e angustiados para um sucedâneo do pai. Mas o deslocamento não pode solucionar o conflito de modo a criar uma pura separação entre os sentimentos ternos e os hostis. O conflito prossegue no objeto do deslocamento, a ambivalência passa para este. É inegável que o pequeno Hans tem não apenas medo dos cavalos, mas também demonstra respeito e interesse por eles. Quando diminui seu medo, ele se identifica com o animal temido, dá pinotes como um cavalo e morde seu pai.[55] Em outro estágio de dissolução da fobia, não se importa em identificar os pais com outros animais grandes.[56]

Pode-se dizer que nessas zoofobias das crianças reaparecem determinados traços do totemismo em forma negativa. Mas devemos a Sandor Ferenczi a ótima observação de um caso que não seria exagero designar como totemismo positivo numa criança [S. Ferenczi]. É verdade que no pequeno Arpád, o protagonista do relato de Ferenczi, os interesses totêmicos não surgem diretamente relacionados ao complexo de Édipo, mas com base no pressuposto narcísico deste, o medo da castração. Quem ler atentamente a história do pequeno Hans, porém, achará também nele evidência bastante de que o pai é admirado como possuidor do genital grande e temido como aquele que ameaça o seu genital. No complexo de Édipo e no complexo de castração o pai desempenha o mesmo papel, o de temido adversário dos interesses sexuais infantis. A castração ou seu substituto, o ceguecimento, é o castigo com que ele ameaça.[57]

Quando o pequeno Arpád tinha dois anos e meio, durante as férias de verão, ele tentou urinar num galinheiro, e uma galinha bicou ou quase pegou seu membro. Um ano depois, de volta ao mesmo lugar, tornou-se ele próprio uma galinha, interessou-se apenas pelo gali-

55 "Análise da fobia de um garoto de cinco anos", 1909, op. cit.

56 A fantasia das girafas.

57 Sobre a castração e seu sucedâneo, o enceguecimento, também encontrado no mito de Édipo, cf. as comunicações de Reitler, Ferenczi, Rank e Eder em *Internationale Zeitschrift für ärzliche Psychoanalyse*, 1913, v. 1, n. 2.

nheiro e tudo o que ali se passava, e trocou a linguagem humana por cacarejos e cocoricós. Na época em que foi observado (tinha cinco anos) ele falava de novo, mas também nas conversas tratava exclusivamente de galinhas e de outras aves. Não brincava com nenhuma outra coisa, e cantava apenas canções em que havia menção de aves. Sua atitude para com seu animal totêmico era bastante ambivalente, ódio e amor desmedidos. Sua brincadeira favorita era a matança de galinhas. "A matança das aves é para ele uma festa. É capaz de dançar por horas em torno dos corpos dos bichos, tomado de excitação." Mas em seguida beijava e alisava o animal abatido, limpava e acariciava as galinhas de brinquedo que ele próprio havia maltratado.

Arpád cuidava ele mesmo para que o sentido de sua estranha atividade não permanecesse oculto. De vez em quando ele traduzia seus desejos, da linguagem totêmica para a da vida cotidiana. "Meu pai é o galo", disse numa ocasião. "Agora sou pequeno, sou um pintinho. Quando eu ficar grande, vou ser uma galinha. Quando crescer mais ainda, vou ser um galo." De outra quis comer um "ensopado de mãe" (por analogia com ensopado de galinha). Era pródigo em ameaças de castração aos outros, tais como ele mesmo havia sofrido por masturbar-se.

Segundo Ferenczi, não resta dúvida quanto à origem do interesse pela atividade no galinheiro. "A frequente copulação de galos e galinhas, a postura dos ovos e o aparecimento dos pintos" satisfaziam sua curiosidade sexual, que se dirigia propriamente à vida familiar humana. Ele havia formado seus desejos objetais segundo o modelo da vida das galinhas, quando disse a uma vizinha certa vez: "Eu vou casar com a senhora, com sua irmã, minhas três primas e a cozinheira; não, em vez da cozinheira, minha mãe".

Mais adiante poderemos avaliar mais completamente essa observação; por ora apenas destacamos dois traços, como sendo valiosos pontos de contato com o totemismo: a completa identificação com o animal totêmico[58] e a atitude emocional ambivalente em relação a ele. Por essas observações nos sentimos autorizados a introduzir, na fórmula do totemismo — no caso do homem —, o pai no lugar do animal totêmico. Percebemos, então, que com isso não damos um passo novo ou particularmente ousado. Os primitivos mesmos declaram isso, e, onde o sistema totêmico ainda se acha em vigor, designam o totem como seu ancestral e pai primevo. Nós apenas tomamos literalmente uma afirmação desses povos com a qual os etnólogos não sabiam exatamente o que fazer, e que por isso relegaram a segundo plano. A psicanálise nos adverte, ao contrário, que enfatizemos precisamente esse ponto e a ele vinculemos a tentativa de explicação do totemismo.[59]

O primeiro resultado de nossa substituição é bastante notável. Se o animal totêmico é o pai, o teor dos dois principais mandamentos do totemismo — os dois preceitos que constituem seu núcleo, não matar o totem e não ter relações sexuais com uma mulher do totem — coincide com o dos dois crimes de Édipo, que matou o pai e tomou a mãe por esposa, e com os dois desejos primordiais da criança, desejos cuja repressão insuficiente ou cujo redespertar forma o núcleo de talvez todas as psiconeuroses. Se essa equiparação for mais que uma enganadora obra do acaso, ela deverá nos permitir lan-

58 Na qual, segundo Frazer, está a essência do totemismo: "Totemismo é a identificação de um homem com seu totem", *Totemism and exogamy*, v. IV, p. 5.

59 Devo a Otto Rank a comunicação de um caso de fobia de cachorros num homem jovem e inteligente, cuja explicação de como veio a adquirir a enfermidade lembra notavelmente a teoria dos aruntas acerca do totem, mencionada acima (p. 117). Ele teria escutado de seu pai que, enquanto estava grávida dele, sua mãe havia se apavorado com um cachorro.

çar alguma luz sobre a gênese do totemismo em tempos imemoriais. Em outras palavras, conseguiremos tornar verossímil que o sistema totêmico resultou das condições do complexo de Édipo, tal como a zoofobia do "pequeno Hans" e a perversão do "pequeno Arpád" envolvendo as galinhas. Para verificar essa possibilidade, vamos agora examinar uma peculiaridade do sistema totêmico — ou, poderíamos dizer, da religião totêmica — que ainda não pôde ser considerada.

## 4

Falecido em 1894, W. Robertson Smith foi físico, filólogo, exegeta da Bíblia e estudioso da Antiguidade, um homem de muitas facetas, de inteligência livre e penetrante. Ele expressou, num livro publicado em 1889 sobre a religião dos semitas, a conjectura de que uma cerimônia peculiar, a chamada *refeição totêmica*, desde o início era parte integrante do totemismo. Em apoio dessa tese ele dispunha apenas da descrição de um único evento assim, oriunda do século V a.C., mas soube dotá-la de um alto grau de verossimilhança, mediante a análise dos sacrifícios entre os antigos semitas. Como o sacrifício pressupõe uma divindade, trata-se de inferir retrospectivamente, de uma fase superior do rito religioso àquela mais baixa de todas, a do totemismo.

Procurarei tirar do excelente livro de Robertson Smith as afirmações sobre origem e significado do ritual de sacrifício que são decisivas para nós, deixando de lado os pormenores, frequentemente tão interessantes, e, de forma coerente, negligenciando os desenvolvimentos posteriores. Está fora de questão, num resumo como este, transmitir ao leitor a lucidez e a força comprobatória da exposição original.

Robertson Smith informa que o sacrifício no altar foi o elemento essencial no ritual das religiões antigas. Tem o mesmo papel em todas as religiões, de modo que devemos relacionar sua origem a causas bastante gerais, que em toda parte atuavam da mesma forma.

O sacrifício — o ato sagrado *kat' eochn* [por excelência] (*sacrificium*, *ierourgia*) — significava originalmente algo diverso do que outras épocas vieram a designar com o termo: a oferenda à divindade, para reconciliar-se com ela ou ganhar seu favor. (Foi do sentido secundário de "abnegação" que derivou o uso profano da palavra.) Tudo indica que primeiramente o sacrifício não foi senão "*an act of social fellowship between the deity and his worshippers*", um ato de sociabilidade, uma comunhão dos crentes com seu deus.

Comidas e bebidas eram dadas em sacrifício; as coisas de que o ser humano se alimentava, carne, cereais, frutos, vinho, óleo, ele as sacrificava também a seu deus. Apenas quanto à carne do sacrifício havia restrições e exceções. O deus alimentava-se dos animais de sacrifício juntamente com seus adoradores, enquanto os vegetais ficavam para ele apenas. Não há dúvida de que os animais são os sacrifícios mais antigos e que já foram os únicos. Os sacrifícios vegetais surgiram da oferenda dos primeiros frutos e correspondem a um tributo aos senhores do solo e da terra. Mas o sacrifício animal é anterior à agricultura.

Sabe-se, tomando por base vestígios da linguagem, que a parte do sacrifício destinada ao deus era considerada inicialmente o seu verdadeiro alimento. Com a progressiva desmaterialização do ser divino, essa ideia tornou-se repugnante; ela foi evitada, concedendo-se à divindade apenas a parte líquida da refeição. Mais tarde, o uso do fogo, que dissolvia em fumos a carne sacrificada no altar, permitiu uma preparação dos alimentos humanos que os fez mais apropriados ao ser divino. A substância da bebida do sacrifício era originalmente o sangue dos animais sacrificados; depois o vinho foi o substituto do sangue. Os antigos o consideravam o "sangue da videira", como ainda hoje nossos poetas o chamam.

Portanto, a mais antiga forma de sacrifício, mais velha que o uso do fogo e o conhecimento da agricultura, foi o sacrifício animal, em que o deus e seus adoradores desfrutavam juntos a carne e o sangue. Era essencial que cada um dos participantes tivesse a sua parte da refeição.

Tal sacrifício era uma cerimônia pública, a festa de todo um clã. A religião era assunto de todos, o dever religioso era parte da obrigação social. Sacrifício e festividade coincidem em todos os povos, cada sacrifício traz consigo uma festa e nenhuma festa pode ser realizada sem sacrifício. A festa do sacrifício era uma oportunidade de elevar-se alegremente acima dos próprios interesses, de enfatizar os laços mútuos e com a divindade.

A força ética da refeição sacrificial pública baseava-se em antiquíssimas concepções sobre o significado de comer e beber em companhia de outrem. Comer e beber com alguém era, ao mesmo tempo, um símbolo e um robustecimento do vínculo social e da adoção de obrigações recíprocas. A refeição sacrificial exprimia diretamente o fato de que o deus e os adoradores são *comensais*, mas isso envolvia todas as suas outras relações. Costumes ainda em vigor entre os árabes do deserto mostram que aquilo que une não é o fator religioso, mas o próprio ato de comer. Quem divide mesmo um pequeno bocado com um beduíno, ou bebe apenas um gole do seu leite, não precisa mais temê-lo como inimigo, podendo estar certo de sua proteção e sua ajuda. Mas não eternamente; a rigor, apenas enquanto a matéria ingerida conjuntamente permanece em seu corpo. Desse modo realista o laço da união é compreendido; ele necessita de repetição para ser forte e duradouro.

Mas por que se atribui tal força vinculadora ao ato de comer e beber juntamente com outros? Nas sociedades mais primitivas há apenas um vínculo que une incondicionalmente e sem exceção: o da comunidade de clã (*kinship*). Os membros dessa comunidade respondem solidariamente uns pelos outros, um *kin* é um grupo de pessoas cujas vidas se acham tão ligadas, que podem ser vistas como partes de uma vida conjunta. Havendo o homicídio de alguém do *kin*, não se diz: "o sangue desse ou daquele foi derramado", e sim: "o nosso sangue foi derramado". Em hebraico, a expressão com que se reconhece o parentesco de clã é: "Tu és meu osso e minha carne". *Kinship* significa, portanto, participar da substância comum. Então é natural que ela não se baseie apenas no fato de que a pessoa é parte da substância de sua mãe, da qual nasceu e com cujo leite foi alimentada, mas de que também a alimentação que a pessoa ingere mais tarde, e com a qual renova seu corpo, pode obter e reforçar a *kinship*. Se um homem partilhava a refeição com seu deus, isso expressava a convicção de que eram da mesma matéria, e aquele visto como estrangeiro não era convidado a partilhar uma refeição.

Portanto, originalmente a refeição sacrificial era um banquete de parentes do mesmo clã, conforme a lei de que apenas parentes do mesmo clã comiam juntos. Em nossa sociedade a refeição une os membros da família, mas a refeição sacrificial nada tem a ver com a família. A *kinship* é mais velha do que a vida familiar; as famílias mais antigas de que temos conhecimento compreendem pessoas de diferentes associações de parentesco. Os homens desposam mulheres de outros clãs, as crianças herdam o clã da mãe; não há parentesco de clã entre o homem e demais membros da família. Numa família dessas não há refeição comum. Ainda hoje os selvagens comem isoladamente, e as proibições alimentares religiosas do totemismo lhes tornam impossível comer com suas mulheres e filhos.

Voltemo-nos agora para o animal sacrificial. Como vimos, não havia reunião do clã sem sacrifício animal, mas também — o que agora é importante — não se abatia o animal fora dessas ocasiões solenes. Não havia problema em alimentar-se de frutos, de caça selvagem e do leite dos animais domésticos, mas escrúpulos religiosos impediam que se matasse um animal doméstico para o consumo pessoal. Não há a menor dúvida, diz Robertson Smith, de que todo sacrifício foi originalmente uma cerimônia do clã, e que a *morte de uma vítima* era uma daquelas ações *proibidas para o indivíduo e justificadas apenas quando todo o clã assumia a responsabilidade.* Entre os primitivos há apenas um tipo de ações a que se aplica essa descrição, aquelas que atingem a santidade do sangue do clã. Uma vida que nenhum indivíduo tem permissão de tirar, que pode ser sacrificada apenas com o consentimento e a participação de todos os membros do clã, acha-se no mesmo plano que a vida desses próprios membros. A regra de que todo conviva da refeição sacrificial deve provar da carne da vítima tem o mesmo significado que o preceito de que a execução de um membro culpado do clã deve ser empreendida pelo clã inteiro. Em outras palavras, o animal do sacrifício era tratado como um membro do clã, *a comunidade que sacrifica, o seu deus e o animal do sacrifício eram do mesmo sangue*, membros de um único clã.

Com base numa rica evidência, Robertson Smith identifica o animal do sacrifício com o animal totêmico. Havia duas espécies de sacrifícios na Antiguidade tardia, a dos animais domésticos, que ordinariamente eram também comidos, e sacrifícios extraordinários de animais que eram proibidos por serem impuros. Uma investigação mais detida mostra que esses animais impuros eram animais sagrados, que eram oferecidos em sacrifício aos deuses para os quais eram sagrados, que originalmente eles eram identificados com os deuses mesmos, e que os crentes enfatizavam de algum modo, no sacrifício, seu parentesco sanguíneo com o animal e o deus. Em épocas ainda anteriores não há essa distinção entre sacrifícios habituais e "místicos". Todos os animais são originalmente sagrados, sua carne é proibida e pode ser provada apenas em ocasiões solenes, com a participação de todo o clã. Matar o animal equivale a derramar sangue do clã, e tem de ocorrer sob as mesmas cautelas e garantias contra recriminações.

Em toda parte, a domesticação de animais e o surgimento da pecuária parecem ter dado fim ao totemismo puro e rigoroso dos primórdios.[60] Mas o que permaneceu de sagrado nos animais domésticos, na religião "pastoral" de então, é suficientemente claro para percebermos o seu original caráter totêmico. Ainda na era clássica tardia, em vários lugares o ritual prescrevia que o sacrificante fugisse após a realização do sacrifício, como que para escapar a uma punição. Na Grécia, a noção de que matar um boi era de fato um crime deve ter predominado em certo tempo. Na festa ateniense das Bufônias ["assassinato do boi"] era instaurado um processo formal depois do sacrifício, no qual todos os envolvidos eram interrogados. Concordava-se, por fim, em que a culpa do assassinato cabia apenas à faca, que então era lançada ao mar.

Apesar do temor que protege a vida do animal sagrado como membro do clã, de vez em quando se torna uma necessidade matar um animal daquele numa solene comunhão, e dividir sua carne e seu sangue entre os que fazem parte do clã. O motivo que impõe esse ato revela o sentido mais profundo do sacrifício. Vimos que em épocas posteriores toda refeição em comum, a participação na mesma substância que entra no corpo, produz um vínculo sagrado

60 "A inferência é que a domesticação a que o totemismo invariavelmente conduz (quando há animais que podem ser domesticados) é fatal para o totemismo". Jevons, *An introduction to the history of religion*, 1911, 5ª ed., p. 120.

entre os comensais. Em épocas mais antigas esse significado parece caber apenas à participação na substância de uma vítima sagrada. *O mistério sagrado da morte sacrificial se justifica pela consideração de que apenas dessa maneira pode ser criado o vínculo sagrado que une os participantes entre si e com seu deus* [Robertson Smith].

Esse vínculo não é outra coisa senão a vida do animal sacrificial, que habita em sua carne e seu sangue e que é transmitida a todos os participantes através da refeição sacrificial. Uma tal noção se acha na base de todos os *pactos de sangue* com que, ainda em épocas recentes, os homens se empenharam uns com os outros. A concepção inteiramente realista da comunidade de sangue como identidade de substância permite compreender a necessidade de renová-la periodicamente pelo processo físico da refeição sacrificial.

Interrompemos aqui a comunicação da linha de argumentos de Robertson Smith, para resumir seu âmago nos termos mais sucintos.

Quando surgiu a ideia de propriedade privada, o sacrifício foi entendido como um presente à divindade, como transferência de propriedade do homem para o deus. Mas essa interpretação deixou sem esclarecimento as peculiaridades todas do ritual do sacrifício. Nas épocas mais antigas, o animal sacrificial mesmo era sagrado e sua vida era intocável; podia ser tirada apenas com a participação e responsabilidade de todo o clã e na presença do deus, para fornecer a substância sagrada cujo consumo garantia aos membros do clã a identidade essencial de uns com os outros e com a divindade. O sacrifício era um sacramento, o próprio animal sacrificial era um membro do clã. Ele era, de fato, o velho animal totêmico, o próprio deus primitivo, cuja morte e absorção permitia aos membros do clã reavivar e garantir sua semelhança com ele.

Dessa análise do sacrifício, Robertson Smith tirou a conclusão de que a matança e devoração periódica do totem, em épocas *anteriores à adoração de divindades antropomórficas*, teria sido um importante elemento da religião totêmica. A cerimônia desta refeição totêmica, segundo ele, acha-se conservada na descrição de um sacrifício de época posterior. São Nilo relata um sacrifício que os beduínos do deserto do Sinai costumavam fazer no final do século IV depois de Cristo. A vítima, um camelo, é

> "amarrada sobre um rude altar de pedras amontoadas, e o líder do grupo, após conduzir os adoradores por três vezes ao redor do altar, numa procissão solene acompanhada de cantos, inflige o primeiro golpe [...] e apressadamente bebe o sangue que jorra. Em seguida, todo o bando cai sobre a vítima com suas espadas, cortando pedaços da carne trêmula e devorando-os crus, com tamanha rapidez, que no breve intervalo entre o surgimento da estrela matutina [para a qual era feito o sacrifício], que marcou o início do serviço, e o desaparecimento de seus raios ante o Sol nascente, todo o camelo, corpo, ossos, pele, sangue e vísceras, é completamente devorado". [op. cit., p. 338]

Tudo indica que esse ritual bárbaro, que evidencia grande antiguidade, não era algo isolado, mas a forma original comum do sacrifício totêmico, que depois conheceu as mais diversas atenuações.

Muitos autores recusaram-se a dar valor à concepção do banquete totêmico, porque não podia ser corroborada pela observação direta no estágio do totemismo. O próprio Robertson Smith indicou exemplos em que o significado sacramental do sacrifício parece estar fora de dúvida, como os sacrifícios humanos dos astecas, e outros que lembram as circunstâncias da refeição totêmica, como os sacrifícios de ursos feitos pelo clã Urso dos ouataouaks [otawas], na América, e as festas do urso dos ainos, no Japão. Frazer informou detalhadamente sobre esses e outros casos semelhantes, nas duas últimas partes publicadas de sua grande obra [*The golden bough*, v, 2v.]. Uma tribo indígena da Califórnia, que venera uma grande ave de rapina (o busardo), mata-a cerimoniosamente uma vez por ano, depois guarda luto por ela e conserva sua pele com as penas. Os índios zunis, do Novo México, procedem da mesma forma com sua tartaruga sagrada.

Nas cerimônias *intichiuma*, das tribos da Austrália Central, observou-se uma peculiaridade que concorda muito bem com as pressuposições de Robertson Smith. Todo clã que pratica a magia para favorecer a multiplicação de seu totem — do qual, no entanto, não pode ele próprio comer — é obrigado a provar dele durante a cerimônia, antes que se torne acessível aos outros clãs. O melhor exemplo de fruição sacramental do totem normalmente proibido se acha, de acordo com Frazer, entre os binis da África Ocidental, e está ligado às cerimônias fúnebres dessas tribos.

> De nossa parte, acompanhamos Robertson Smith na suposição de que a morte sacramental e devoração comum do animal totêmico, normalmente proibido, foi um traço significativo da religião totêmica.[61]

## 5

Imaginemos agora a cena de uma tal refeição totêmica, dotando-a de alguns traços prováveis que até aqui não

61 Estou a par das objeções feitas por autores diversos (L. Marillier ["La place du totémisme dans l'évolution religieuse", *Rev. Hist. Relig.*, vol. 37, 1898], H. Hubert e M. Mauss ["Essai sur la nature et la fonction du sacrifice", *L'année sociologique*, 2, 1899], entre outros), mas elas não afetaram, no essencial, a impressão deixada pelas teorias de Robertson Smith.

pudemos considerar. Numa ocasião solene, o clã mata cruelmente seu animal totêmico e o devora cru, carne, sangue e ossos; os membros do clã estão vestidos à semelhança do totem, imitam-no em sons e movimentos, como se quisessem enfatizar sua identidade e a dele. Há a consciência de realizar uma ação que é proibida a cada um, que apenas pela participação de todos pode se justificar; e nenhum deles pode se excluir do assassinato e da refeição. Após o ato, o animal morto é chorado e lamentado. O lamento pelo morto é obrigatório, imposto pelo temor de uma represália, e sua principal intenção, como Robertson Smith observou numa ocasião análoga, é livrar-se da responsabilidade pela morte.

Mas após esse luto vem a alegria festiva, o desencadeamento de todos os instintos e a licença de todas as gratificações. Sem dificuldade vislumbramos aí a natureza da *festa*.

Uma festa é um excesso permitido, ou melhor, exigido, a solene ruptura de uma proibição. Os homens não cometem as extravagâncias por se acharem alegres devido a algum preceito; o excesso, isto sim, está na essência da festa, e a disposição festiva é gerada pela liberação do que normalmente é proibido.

E quanto ao prelúdio a essa alegria festiva, o luto pela morte do animal totêmico? Se as pessoas se alegram pelo assassínio do totem, que normalmente lhes é vedado, por que também guardam luto por ele?

Vimos que os membros do clã se sacralizam mediante o consumo do totem, reforçam a identificação com ele e entre si. O fato de terem absorvido a vida sagrada, da qual a substância do totem é portadora, poderia explicar o ânimo festivo e tudo o que dele se segue.

A psicanálise nos revelou que o animal totêmico é de fato o sucedâneo do pai, e com isso harmoniza-se a contradição de que normalmente é proibido matá-lo, mas o assassínio torna-se ocasião de festa, de que o animal é morto e, no entanto, pranteado. A postura afetiva ambivalente, que ainda hoje caracteriza o complexo paterno em nossas crianças e frequentemente prossegue na vida adulta, se estenderia também ao sucedâneo do pai, o animal totêmico.

Se agora juntamos a concepção psicanalítica do totem com o fato do banquete totêmico e a hipótese darwiniana sobre o estado primevo da sociedade humana, há a possibilidade de uma compreensão mais profunda, a perspectiva de uma hipótese que talvez pareça fantástica, mas que oferece a vantagem de produzir uma insuspeitada unidade com séries de fenômenos até então separados.

Naturalmente não há lugar, na horda primeva de Darwin, para o início do totemismo. Um pai violento e ciumento, que reserva todas as fêmeas para si e expulsa os filhos quando crescem, eis o que ali se acha. Esse estado primevo da sociedade não foi observado em nenhuma parte. O que vemos como organização primitiva, que ainda hoje vigora em determinadas tribos, são *bandos de machos*, compostos de membros com direitos iguais e sujeitos às restrições do sistema totêmico, inclusive a herança por linha materna. É possível que uma tenha se desenvolvido da outra? E de que forma, então?

Recorrendo à cerimônia da refeição totêmica, podemos dar uma resposta. Certo dia,[62] os irmãos expulsos se juntaram, abateram e devoraram o pai, assim terminando com a horda primeva. Unidos, ousaram fazer o que não seria possível individualmente. (Talvez um avanço cultural, o manejo de uma nova arma, tenha lhes dado um sentimento de superioridade.) O fato de haverem também devorado o morto não surpreende, tratando-se de canibais. Sem dúvida, o violento pai primevo era o modelo temido e invejado de cada um dos irmãos.

62 Como corretivo a essa exposição, que pode ser mal-entendida, peço que sejam acrescentadas as linhas finais da nota seguinte.

No ato de devorá-lo eles realizavam a identificação com ele, e cada um apropriava-se de parte de sua força. A refeição totêmica, talvez a primeira festa da humanidade, seria a repetição e a celebração desse ato memorável e criminoso, com o qual teve início tanta coisa: as organizações sociais, as restrições morais, a religião.[63]

63 A hipótese — de monstruosa aparência — de o pai tirânico ser dominado e assassinado pelos filhos que havia expulsado também seria, para Atkinson, resultado direto das condições da horda primeva darwiniana: "Um bando jovem de irmãos, vivendo juntos em celibato forçado ou, quando muito, em relação poliândrica com uma fêmea cativa. São uma horda ainda fraca em sua impubescência, mas, adquirindo força com o tempo, inevitavelmente arrebatarão, em ataques combinados e sempre repetidos, a mulher e a vida do tirano paterno" (*Primal law*, pp. 220-1). Atkinson, que passou a vida na Nova Caledônia e teve excepcional oportunidade para o estudo dos nativos, lembra também que as condições da horda primeva supostas por Darwin podem ser observadas facilmente em bandos de bois e cavalos selvagens, e normalmente levam à eliminação do pai do bando. Ele supõe ainda que após o assassínio do pai há uma desintegração da horda, pela luta acirrada entre os irmãos vitoriosos. Assim, uma nova organização da sociedade jamais se produziria: "uma violenta e sempre renovada sucessão à tirania solitária do pai, por filhos cujas mãos parricidas logo se acham novamente cerradas em luta fratricida" (p. 228). Sem dispor dos palpites da psicanálise e não conhecendo os estudos de Robertson Smith, Atkinson descobre uma transição menos violenta da horda primeva para o estágio social seguinte, no qual inúmeros machos vivem em pacífica sociedade. Segundo ele, o amor materno obteria que inicialmente só os mais jovens e depois também os outros filhos permanecessem na horda, e em troca eles reconheceriam a prerrogativa sexual do pai, privando-se da mãe e das irmãs.

Eis a notável teoria de Atkinson, que no ponto *essencial* mostra concordância com a nossa, e, naquilo em que diverge, implica a renúncia a estabelecer nexo com várias outras coisas.

Para achar verossímeis estas consequências, fazendo abstração de suas premissas, basta supor que o bando de irmãos rebeldes era dominado, em relação ao pai, pelos mesmos sentimentos contraditórios que podemos discernir no conteúdo do complexo paterno de nossas crianças e nossos neuróticos. Eles odiavam o pai, que constituía forte obstáculo a sua necessidade de poder e suas reivindicações sexuais, mas também o amavam e o admiravam. Depois que o eliminaram, satisfizeram seu ódio e concretizaram o desejo de identificação com ele, os impulsos afetuosos até então subjugados tinham de impor-se.[64] Isso ocorreu em forma de arrependimento, surgiu uma consciência de culpa, que aí equivale ao arrependimento sentido em comum. O morto tornou-se mais forte do que havia sido o vivo; tudo como ainda hoje vemos nos destinos humanos. Aquilo que antes ele impedira com sua existência eles proibiram então a si mesmos, na situação psíquica da "obediência *a posteriori*", tão conhecida nas psicanálises. Eles revogaram seu ato, declarando ser proibido o assassínio do substituto do pai, o totem, e renunciaram à consequência dele, privando-se das mulheres então liberadas. Assim criaram, a partir da *consciência de culpa do filho*, os dois tabus fundamentais do totemismo, que justamente por isso tinham de concordar com os dois desejos reprimidos do complexo de Édipo. Quem os

---

Posso dizer que a imprecisão, a abreviação temporal e a concisão dos dados, no que apresento acima, são próprias da reserva exigida pela natureza do tema. Seria absurdo aspirar à exatidão nessa matéria, tanto como seria injusto pedir certeza.

64 Também favoreceria essa nova atitude emocional o fato de que o ato não podia dar plena satisfação a nenhum dos que o realizaram. De certo ponto de vista, ocorrera em vão. Nenhum dos filhos pôde concretizar seu desejo original de tomar o posto do pai. E o fracasso, como sabemos, é muito mais propício à reação moral do que a satisfação.

infringia tornava-se culpado dos dois crimes que inquietavam a sociedade primitiva.[65]

Os dois tabus do totemismo, com que tem início a moralidade, não são de mesmo valor psicológico. Apenas um, aquele que poupa o animal totêmico, baseia-se inteiramente em razões afetivas; o pai fora eliminado, não havia como remediar isso. Mas o outro, a proibição do incesto, tinha uma sólida fundamentação prática. A necessidade sexual não une os homens, ela os divide. Os irmãos haviam se aliado para vencer o pai, mas eram rivais uns dos outros no tocante às mulheres. Cada um desejaria, como o pai, tê-las todas para si, e na luta de todos contra todos a nova organização sucumbiria. Nenhum era tão mais forte que os outros, de modo a poder assumir o papel do pai. Assim, os irmãos não tiveram alternativa, querendo viver juntos, senão — talvez após superarem graves incidentes — instituir a proibição do incesto, com que renunciavam simultaneamente às mulheres que desejavam, pelas quais haviam, antes de tudo, eliminado o pai. Assim salvaram a organização, que os havia fortalecido e que pode ter se baseado nos sentimentos e atividades homossexuais que teriam surgido entre eles no tempo da expulsão. Talvez tenha sido também esta situação que compôs o germe das instituições do *direito materno* percebidas por Bachofen, até ser ele substituído pela ordenação patriarcal da sociedade.

Já o outro tabu, que protege a vida do animal totêmico, liga-se à reivindicação do totemismo, de ser considerado o primeiro ensaio de uma religião. Se à sensibilidade dos filhos o animal pareceu o substituto óbvio e natural do pai, o tratamento que se viram obrigados a lhe dis-

65 "Homicídio e incesto, ou ofensas desse tipo contra as sagradas leis do sangue, são na sociedade primitiva os únicos crimes de que a comunidade como tal toma conhecimento [...]", *Religion of the Semites*, p. 419.

pensar exprimia mais que a necessidade de exteriorizar seu arrependimento. Com o sucedâneo do pai pôde-se fazer a tentativa de mitigar o vivo sentimento de culpa, de obter uma espécie de reconciliação com o pai. O sistema totêmico foi, digamos, um contrato com o pai, em que este concedia tudo o que a fantasia da criança podia dele esperar, proteção, cuidado, indulgência, em troca do compromisso de honrar sua vida, ou seja, não repetir contra ele o ato que havia destruído o pai real. Havia também uma tentativa de justificação no totemismo. "Se o pai nos tivesse tratado como o totem, nós jamais teríamos caído na tentação de matá-lo." Desse modo, o totemismo contribuiu para atenuar as coisas e fazer esquecer o acontecimento ao qual devia sua gênese.

Nisso criaram-se características que foram determinantes para a natureza da religião. A religião totêmica desenvolveu-se a partir da consciência de culpa dos filhos, como tentativa de acalmar esse sentimento e de apaziguar o pai ofendido, mediante a obediência *a posteriori*. Todas as religiões subsequentes mostram-se como tentativas de solução do mesmo problema, que variam conforme o estágio cultural em que são empreendidas e os caminhos que tomam, mas são todas reações, partilhando uma só meta, ao mesmo grande evento, com que teve início a cultura e que, desde então, não permitiu que a humanidade sossegasse.

Um outro traço, que a religião conserva fielmente, já aparecia então no totemismo. A tensão da ambivalência era grande demais para ser contrabalançada por algum dispositivo, ou as condições psicológicas não são favoráveis à resolução desses opostos afetivos. Nota-se, de toda maneira, que a ambivalência intrínseca ao complexo paterno continua também no totemismo e nas religiões em geral. A religião do totem não apenas compreende as manifestações de arrependimento e as tentativas de conciliação, mas serve também à lembrança do triunfo sobre o pai. A satisfação por esse triunfo leva a instituir a festa de recordação que é a refeição totêmica, na qual as restrições da obediência *a posteriori* são deixadas de lado, e torna obrigação repetir novamente o crime do parricídio no sacrifício do animal totêmico, sempre que a colheita daquele ato, a apropriação dos atributos do pai, ameaça desaparecer graças às variáveis influências da vida. Não nos surpreende constatar que também o elemento de revolta do filho reaparece em formações religiosas posteriores, muitas vezes nos mais curiosos disfarces e rodeios.

Se até aqui acompanhamos, na religião e no preceito moral — que ainda não se acham claramente separados no totemismo —, as consequências da corrente afetuosa em relação ao pai, transformada em arrependimento, não ignoramos que a vitória está essencialmente com as tendências que impeliram ao parricídio. Os sentimentos sociais de fraternidade, em que se baseia a grande subversão, passam a manter por longos períodos uma enorme influência sobre o desenvolvimento da sociedade. Manifestam-se na sacralização do sangue comum, na ênfase na solidariedade de todas as vidas do mesmo clã. Assegurando a vida uns aos outros, os irmãos afirmam que nenhum deles pode ser tratado por outro como o pai foi tratado por todos em conjunto. Eles excluem uma repetição do destino do pai. À proibição de matar o totem, de fundamento religioso, junta-se a proibição de matar um irmão, de fundamento social. Ainda passará muito tempo até que o mandamento deixe de ser limitado aos membros do clã e adote a simples forma que diz: "Não matarás". Inicialmente a *horda paterna* é substituída pelo *clã fraterno*, garantido pelo laço de sangue. A sociedade repousa então na culpa comum pelo crime cometido; a religião, na consciência de culpa e no arrependimento por ele; e a moralidade, em parte nas exigências dessa sociedade e em parte nas penitências requeridas pela consciência de culpa.

* * *

Contrariando as novas concepções do sistema totêmico e apoiando-se nas antigas, a psicanálise nos leva a defender uma íntima relação e uma origem simultânea para o totemismo e a exogamia.

## 6

A influência de um bom número de fortes motivos me leva a não tentar descrever a evolução posterior das religiões, desde sua origem no totemismo até seu estado atual. Apenas seguirei duas linhas, que vejo aflorar nitidamente na trama: o tema do sacrifício e a relação do filho com o pai [Jung].

Robertson Smith nos mostrou que a antiga refeição totêmica retorna na forma original do sacrifício. O significado do ato é o mesmo: a sacralização pela participação na refeição comum. Permanece também a consciência de culpa, que pode ser aplacada apenas pela solidariedade de todos os participantes. Coisa nova é a divindade do clã, em cuja suposta presença é realizado o sacrifício, que toma parte na refeição como um membro do clã, e com a qual há identificação através do consumo da vítima. Como chega o deus a esta situação, em que originalmente não estava?

A resposta poderia ser que, entretanto — não se sabe de onde —, apareceu a ideia de deus, sujeitando a si toda a vida religiosa, e a refeição totêmica, como tudo o mais que quisesse subsistir, teve que se integrar ao novo sistema. Mas o exame psicanalítico do indivíduo mostra, com toda a ênfase, que para cada pessoa o deus é modelado no pai, que a relação pessoal com Deus depende de sua relação com o pai carnal, que oscila e se transforma com ela, e que Deus, no fundo, nada mais é que um pai elevado. Nisso, como no caso do totemismo, a psicanálise recomenda darmos crédito aos crentes, que chamam Deus de pai, assim como chamavam o totem de ancestral. Se a psicanálise merece alguma atenção, o componente paterno na ideia de Deus deve ser muito importante, sem prejuízo de todas as demais origens e significações de Deus, sobre as quais a psicanálise não pode lançar nenhuma luz. Então o pai seria representado duas vezes na situação do sacrifício primitivo, como deus e depois como animal totêmico, e, mesmo admitindo a pouca variedade das soluções psicanalíticas, devemos perguntar se isto é possível e que significado pode ter.

Sabemos que existem várias relações entre o deus e o animal sagrado (totem, vítima sacrificial): 1. A cada deus é consagrado habitualmente um animal, com frequência vários; 2. em alguns sacrifícios particularmente sagrados, os "místicos", justamente o animal consagrado ao deus lhe era sacrificado [Robertson Smith]; 3. o deus costumava ser adorado na forma de um animal, ou, visto de outra maneira, os animais foram alvo de adoração divina muito depois da época do totemismo; 4. nos mitos o deus transforma-se frequentemente num animal, muitas vezes no que lhe é consagrado. Seria natural supor que o próprio deus é o animal totêmico, que se desenvolveu a partir deste num estágio posterior do sentimento religioso. Mas a consideração de que o totem nada mais é que um sucedâneo do pai nos dispensa de toda discussão ulterior. De modo que ele pode ser a primeira forma do sucedâneo do pai, e o deus, uma posterior, em que o pai readquire sua configuração humana. Uma nova criação como esta, a partir da raiz de toda formação religiosa, da *ânsia pelo pai*, podia ocorrer se mudanças essenciais na relação com o pai — talvez também com o animal — tivessem se produzido no curso do tempo.

Tais mudanças podem ser facilmente notadas, mesmo deixando de lado o começo de um afastamento psíquico em relação ao animal e a desagregação do totemismo pela domesticação. Na situação criada pelo assassinato do pai houve um fator que geraria, no decorrer do tempo, um extraordinário aumento da ânsia pelo pai. Pois os irmãos que se juntaram para liquidá-lo eram animados, individualmente, pelo desejo de tornar-se como o pai, e exprimiram tal desejo pela incorporação de partes do seu sucedâneo, na refeição totêmica. Em virtude da pressão que o bando de irmãos exercia sobre cada um deles, esse desejo tinha de ficar insatisfeito. Ninguém mais podia nem era capaz de alcançar a plenitude de poder do pai, a que todos haviam aspirado. Assim, após um longo período pôde se abrandar a irritação contra o pai, que impelira ao ato, o anseio por ele pôde aumentar, e foi possível nascer um ideal que tinha por conteúdo o ilimitado poder do pai primevo, outrora combatido, e a disposição de a ele sujeitar-se. Devido a mudanças culturais decisivas, o original igualamento democrático de todos os membros individuais do clã já não podia ser mantido; assim manifestou-se uma inclinação — apoiada na veneração de indivíduos que se haviam destacado ante os demais — a reviver o antigo ideal do pai, criando divindades. A ideia de um homem tornar-se deus e de um deus morrer, algo que hoje é uma escandalosa presunção, não era nada repugnante para a imaginação da Antiguidade clássica.[66] A elevação do pai outrora assassinado à condição de deus, ao qual o clã vinculava então

66 "Para nós, modernos, para quem o fosso que divide o humano e o divino aprofundou-se e agora é um golfo intransponível, essa imitação pode parecer blasfema, mas com os antigos era diferente. Em seu pensamento, deuses e homens eram aparentados, pois muitas famílias ligavam sua ascendência a uma divindade, e a deificação de um homem provavelmente lhes parecia tão natural como a canonização de um santo para um católico moderno". Frazer, *The golden bough*, I, *The magic art and the evolution of kings*, v. II, p. 177.

sua origem, era uma tentativa de expiação muito mais séria do que o velho contrato com o totem.

Não sei indicar em que ponto desta evolução se acham as grandes divindades maternas, que talvez tenham geralmente precedido os deuses-pais. Parece certo, no entanto, que a transformação na atitude perante o pai não se limitou à esfera religiosa, mas estendeu-se coerentemente ao outro aspecto da vida humana influenciado pela eliminação do pai, a organização social. Com a introdução das divindades paternas, a sociedade sem pai converteu-se gradualmente naquela organizada de forma patriarcal. A família era uma restauração da antiga horda primeva, e devolvia aos pais uma boa parcela dos seus direitos de antes. Houve pais novamente, mas as realizações sociais do clã fraterno não foram abandonadas, e a efetiva distância entre os novos pais de família e o ilimitado pai primevo da horda era grande o suficiente para garantir a continuação da necessidade religiosa, a conservação do insaciado anseio pelo pai.

Portanto, o pai se acha presente duas vezes na cena do sacrifício ante o deus do clã, como deus e como animal do sacrifício totêmico. Na tentativa de compreender esta situação, porém, devemos ter cuidado com as interpretações que buscam traduzi-la, de forma bidimensional, como uma alegoria, esquecendo a estratificação histórica. A dupla presença do pai corresponde aos dois significados da cena, que se sucederam cronologicamente. A atitude ambivalente perante o pai encontrou aí uma expressão plástica, e assim também a vitória, no filho, dos sentimentos afetuosos sobre os hostis. A cena da derrota do pai, de sua maior humilhação, tornou-se aí o material para representar seu mais alto triunfo. A importância que o sacrifício adquiriu universalmente está no fato de que oferece ao pai a satisfação pela injúria sofrida, no mesmo ato em que perpetua a lembrança do malfeito.

Na época seguinte, o animal perde sua natureza sagrada e o sacrifício perde seu vínculo com a cerimônia totêmica; torna-se uma simples oferenda à divindade, uma abnegação em favor do deus. O próprio deus é erguido tão acima dos homens que apenas pela mediação do sacerdote se pode lidar com ele. Ao mesmo tempo, reis divinos surgem na ordenação social, transpondo o sistema patriarcal para o Estado. É preciso dizer que a vingança do pai deposto e novamente entronizado é implacável, o domínio da autoridade está no apogeu. Os filhos submetidos aproveitaram a nova situação para aliviar mais ainda sua consciência de culpa. O sacrifício, tal como é então, acha-se inteiramente fora de sua responsabilidade. O próprio deus o exigiu e prescreveu. São dessa fase os mitos em que o próprio deus mata o animal que lhe é consagrado e que é ele mesmo, afinal. Eis a negação extrema do grande delito com que teve início a sociedade e a consciência de culpa. Não há como ignorar um outro significado dessa última representação do sacrifício. Ele exprime a satisfação por se haver abandonado o anterior sucedâneo paterno, em favor da mais elevada concepção de deus. A superficial tradução alegórica da cena coincide aproximadamente com sua interpretação psicanalítica: representa-se o deus a superar a parte animal de seu ser.[67]

67 Nas mitologias, a superação de uma geração de deuses por outra denota, como é sabido, o processo histórico da substituição de um sistema religioso por um novo, seja devido à conquista por um povo estrangeiro ou pela via do desenvolvimento religioso. Nesse caso o mito se aproxima dos "fenômenos funcionais", no sentido de H. Silberer [cf. *A interpretação dos sonhos*, cap. VI, seção I, "Revisão secundária"]. A afirmação de C. G. Jung (*Wandlungen und Symbole der Libido*), de que o deus que mata o animal é um símbolo libidinal, pressupõe um conceito de libido diferente do que até aqui se empregou e me parece bastante questionável.

Seria equivocado acreditar, porém, que nesse período de renovada autoridade paterna estejam completamente silenciados os impulsos hostis que são próprios do complexo paterno. Pelo contrário, nas primeiras fases de domínio dos dois novos sucedâneos do pai, os deuses e os reis, encontramos as mais enérgicas expressões da ambivalência característica da religião.

Em sua grande obra *The golden bough*, Frazer registrou a hipótese de que os primeiros reis das tribos latinas eram forasteiros que faziam o papel de uma divindade, e nesse papel eram cerimoniosamente executados numa festa. O sacrifício (ou, numa variante, o autossacrifício) anual de um deus parece ter sido um elemento essencial das religiões semitas. As cerimônias de sacrifício humano, nos lugares mais diversos do mundo habitado, deixam muito pouca dúvida de que as vítimas eram eliminadas como representantes da divindade, e também em épocas mais recentes pode-se ver esse ritual de sacrifício, na substituição de um ser humano vivo por uma imitação inanimada (um boneco). O sacrifício teantrópico, que aqui não posso, infelizmente, tratar de maneira detida como o sacrifício animal, lança uma intensa luz retrospectiva sobre o significado das mais antigas formas de sacrifício. Revela, com franqueza dificilmente superável, que o objeto do sacrifício sempre foi o mesmo, esse que é venerado como deus, isto é, o pai. O problema da relação entre sacrifício humano e animal tem agora uma solução simples. O sacrifício animal original era já um substituto para um sacrifício humano, para o assassinato cerimonioso do pai, e, quando o sucedâneo do pai readquiriu sua forma humana, o sacrifício animal pôde reconverter-se em sacrifício humano.

Assim, a lembrança do primeiro grande ato sacrificial resultou ser indestrutível, apesar de todos os esforços para esquecê-la, e, justamente quando mais se buscou distância dos motivos que levaram a ele, era inevitável surgir a sua repetição inadulterada, na forma do sacrifício do deus. Não preciso assinalar os desenvolvimentos do pensamento religioso que, como racionalizações, tornaram possível esse retorno. Robertson Smith, que está longe de relacionar o sacrifício àquele grande evento da pré-história humana, como fazemos, diz que as cerimônias das festas em que os antigos semitas celebravam a morte de um deus eram interpretadas como "*commemoration of a mythical tragedy*" [comemoração de uma tragédia mítica], e que os lamentos não tinham o caráter de uma participação espontânea, trazendo em si algo de forçado, de imposto pelo medo da ira divina.[68] Acreditamos que essa interpretação estava correta, e que os sentimentos dos celebrantes fossem bem explicados pela situação subjacente.

Agora tomemos como fato que também no desenvolvimento posterior das religiões jamais desaparecem os dois fatores impulsionadores, a consciência de culpa do filho e sua rebelião. Toda tentativa de solução do problema religioso, de conciliação dos dois poderes psíquicos conflitantes vem a ser inútil, provavelmente sob a influência combinada de eventos históricos, transformações culturais e mudanças psíquicas internas.

Aparece cada vez mais nitidamente o empenho do filho em tomar o lugar do deus-pai. Com a introdução da agricultura, aumenta a importância do filho na família patriarcal. Ele se permite novas manifestações de sua libido incestuosa, que encontra satisfação simbólica no cultivo da Mãe Terra. Nascem figuras divinas como

68 *Religion of the Semites*, pp. 412-3. O luto não é uma espontânea expressão de condolência com a tragédia divina, mas algo obrigatório e imposto pelo medo da ira sobrenatural. E um importante objetivo dos pranteadores é *afastar toda responsabilidade pela morte do deus* — algo que já encontramos ao mencionar os sacrifícios teantrópicos, como a "matança do touro em Atenas".

Átis, Adônis e Tamuz, espíritos da vegetação e divindades juvenis ao mesmo tempo, que gozam dos favores de divindades maternas e, apesar do pai, praticam o incesto com a mãe. Mas a consciência de culpa, que não é mitigada por essas criações, expressa-se nos mitos, que dão a esses jovens amantes das divindades maternas uma vida breve e um castigo, por castração ou pela cólera do deus-pai em forma animal. Adônis é morto pelo javali, o animal sagrado de Afrodite; Átis, o amado de Cibele, morre devido à castração.[69] O pranto por esses deuses e a alegria pela sua ressurreição passaram para o ritual de outro deus-filho, que estava destinado a um sucesso duradouro.

Quando o cristianismo começou sua penetração no mundo antigo, deparou com a concorrência da religião de Mitra, e por algum tempo não se soube qual divindade sairia vitoriosa.

A figura do jovem deus persa, banhada de luz, permaneceu obscura para nós. Talvez possamos inferir, pelas imagens de Mitra abatendo um touro, que ele representasse o

69 O medo da castração tem um papel extraordinário na perturbação do vínculo com o pai, nos neuróticos jovens que conhecemos. No caso tão bem observado por Ferenczi, o garoto vê seu totem no animal que procura bicar seu pequeno membro. Quando nossas crianças ouvem falar da circuncisão, equiparam-na à castração. Pelo que sei, o paralelo etnopsicológico desse comportamento das crianças ainda não foi assinalado. A circuncisão, frequente na época pré-histórica e em povos primitivos, realiza-se no momento da iniciação à idade adulta, quando encontra seu significado, e apenas secundariamente foi recuada para momentos anteriores da vida. É de grande interesse, entre os povos primitivos, o fato de a circuncisão combinar-se com o corte de cabelos e a extração de dentes ou ser substituída por eles, e de nossas crianças, que não têm como saber disso, tratarem essas duas operações como equivalentes à castração, nas angustiadas reações a elas.

filho que executava sozinho o sacrifício do pai, livrando os irmãos da opressiva culpa pelo ato. Havia outro caminho para mitigar este sentimento de culpa, e ele foi trilhado primeiramente por Cristo. Este sacrificou sua própria vida, e assim livrou o bando de irmãos do pecado original.

A doutrina do pecado original é de origem *órfica*; foi conservada nos mistérios e deles passou para as escolas filosóficas da Antiguidade grega [Reinach]. Os homens eram os descendentes dos Titãs, que mataram e despedaçaram o jovem Dioniso Zagreu; o peso desse crime os oprimia. Um fragmento de Anaximandro diz que a unidade do mundo foi destruída por um crime primordial, e que tudo o que dali veio tem de suportar o castigo por isso [ibid.]. Se o ato dos Titãs nos lembra bastante, pelas características de amotinamento, assassinato e dilaceramento, o sacrifício totêmico descrito por são Nilo — como tantos outros mitos da Antiguidade, a morte do próprio Orfeu, por exemplo —, há uma variante que nos perturba: o fato de um deus jovem ser a vítima do assassinato.

No mito cristão, o pecado original do homem é certamente um pecado contra Deus-Pai. Se Cristo salva os homens do peso do pecado original, sacrificando sua própria vida, ele nos compele a inferir que esse pecado foi um assassinato. Segundo a lei de talião, profundamente arraigada no sentimento humano, um assassinato pode ser expiado apenas pelo sacrifício de outra vida; o sacrifício de si mesmo aponta para um homicídio.[70] E, se este sacrifício da própria vida produz a reconciliação com Deus-Pai, o crime a ser expiado não pode ser outro senão o assassinato do pai.

Assim, na doutrina cristã a humanidade reconhece, do modo mais franco, o ato culposo de um tempo primordial, pois apenas no sacrifício do filho encontrou a

70 Os impulsos suicidas de nossos neuróticos demonstram ser autopunições por desejos de morte dirigidos a outras pessoas.

mais plena expiação para ele. A reconciliação com o pai é tanto mais sólida porque, simultaneamente a este sacrifício, ocorre a total renúncia às mulheres, pelas quais tinha havido a rebelião contra o pai. Mas também a fatalidade psicológica da ambivalência reclama aí seus direitos. No mesmo ato com que oferece ao pai a maior expiação possível, o filho também alcança o objetivo de seus desejos contrários ao pai. Torna-se ele próprio deus, ao lado — mais precisamente, no lugar — do pai. A religião do filho substitui a religião do pai. Como sinal desta substituição é reavivada a antiga refeição totêmica, na forma de comunhão em que os irmãos provam a carne e o sangue do filho, não mais do pai, dessa maneira se santificando e se identificando com ele. Nossa visão acompanhou, através dos tempos, a identidade da refeição totêmica com o sacrifício animal, com o sacrifício humano teantrópico e com a eucaristia, percebendo em todas essas cerimônias o efeito do crime que tanto pesou sobre os homens, e do qual, ao mesmo tempo, eles tanto puderam se orgulhar. No fundo, a comunhão cristã é uma nova eliminação do pai, uma repetição do ato a ser expiado. Notamos como é justificada a afirmação de Frazer, segundo a qual "a comunhão cristã absorveu um sacramento que é, sem dúvida, muito mais velho que o cristianismo".[71]

## 7

Um evento como a eliminação do pai pelo bando de irmãos tinha que deixar traços indeléveis na história da humanidade e achar expressão em numerosos substitutos, tanto mais numerosos quanto menos ele mesmo era

71 *Eating the God*, p. 51. Ninguém que esteja familiarizado com a literatura sobre o tema irá supor que o estabelecimento do vínculo entre a comunhão cristã e a refeição totêmica seja ideia do autor do presente ensaio.

lembrado.[72] Fugirei à tentação de evidenciar esses traços na mitologia, onde não é difícil encontrá-los, e me voltarei para outro âmbito, seguindo uma indicação de S. Reinach, num ótimo ensaio sobre a morte de Orfeu.[73]

Na história da arte grega há uma situação que mostra notáveis semelhanças com a cena da refeição totêmica identificada por Robertson Smith, e também dessemelhanças igualmente profundas. É a situação da tragédia grega mais antiga. Um bando de pessoas, com o mesmo nome e indumentária, rodeia uma só, e depende de suas palavras e atos: é o coro e o protagonista, originalmente um só. Desenvolvimentos posteriores trouxeram um segundo e um terceiro ator, para representar contrapartidas e divisões do herói, mas o caráter deste e sua relação com o coro permaneceram inalterados. O herói da tragédia tinha de sofrer; ainda hoje este é o conteúdo essencial de uma tragédia. Ele carregava a "culpa trágica", que nem sempre é fácil de explicar; com frequência não é uma culpa como se entende na vida civil. Em geral consistia na rebelião contra uma autoridade divina ou humana, e o coro acompanhava o herói com sentimentos simpáticos, procurava contê-lo, admoestá-lo, moderá-lo, e o pranteava, quando lhe vinha a punição — considerada merecida — por seu temerário empreendimento.

Mas por que o herói da tragédia tem de sofrer, e o que significa sua culpa "trágica"? Abreviemos a discussão com uma rápida resposta. Ele tem de sofrer porque é o pai primevo, o herói daquela grande tragédia dos

72 Ariel, em *A tempestade* [Shakespeare, ato I, cena 2]: "A cinco braças jaz teu pai;/ Seus ossos se tornaram corais;/ São agora pérolas seus olhos:/ Nada nele perece, pois/ O mar tudo converte/ Em algo rico e raro".

73 "La mort d'Orphée", no volume *Cultes, mythes et religions* (v. II, pp. 100 ss), aqui frequentemente citado.

tempos primeiros, agora repetida tendenciosamente, e a culpa trágica é aquela que ele tem de tomar sobre si, a fim de livrar o coro de sua culpa. A cena teatral deriva, mediante uma adequada distorção — podemos até dizer: a serviço de uma refinada hipocrisia —, da cena histórica. Naquela velha realidade eram justamente os companheiros do coro que produziam o sofrimento do herói; mas agora se desdobram em interesse e lamento, e o herói é culpado ele mesmo do seu sofrimento. O crime a ele imputado, arrogância e revolta contra uma autoridade maior, é exatamente aquele que, na realidade, pesa sobre os companheiros do coro, o bando de irmãos. Assim, o herói trágico é transformado — contra sua vontade — em salvador do coro.

Na tragédia grega o conteúdo da encenação eram antes de tudo os sofrimentos do bode divino, Dioniso, e o lamento do cortejo de bodes que com ele se identificava; assim, é compreensível que o extinto drama fosse revivido na Idade Média com a Paixão de Cristo.

Concluindo esta pesquisa extremamente abreviada, seu resultado seria que no complexo de Édipo reúnem-se os começos da religião, moralidade, sociedade e arte, em plena concordância com a verificação psicanalítica de que esse complexo forma o núcleo de todas as neuroses, até onde elas foram acessíveis ao nosso entendimento. Surge-me como uma surpresa que também esses problemas da vida psíquica dos povos permitam uma solução a partir de um único ponto concreto, que é a relação com o pai. E talvez um outro problema psicológico esteja ligado a isso. Com frequência tivemos oportunidade de mostrar que a ambivalência afetiva no sentido exato, isto é, a coexistência de amor e ódio ao mesmo objeto, está na raiz de importantes instituições culturais. Nada sabemos sobre a origem dessa ambivalência. Podemos supor que é um fenômeno fundamental de nossa vida afetiva. Mas também a outra possibilidade parece-me digna de nota: que ela, originalmente estranha à vida afetiva, tenha sido adquirida pela humanidade no complexo paterno,[74] onde a investigação psicanalítica do indivíduo ainda hoje encontra sua mais forte expressão.[75]

Antes de concluir, devo dar lugar à observação de que o alto grau de convergência rumo a um quadro abrangente, que alcançamos nesta exposição, não pode nos tornar cegos às incertezas de nossos pressupostos e às dificuldades inerentes a nossos resultados. Dessas últimas abordarei apenas duas, que certamente não ficaram inadvertidas para bom número de leitores.

Não deve ter escapado a ninguém, em primeiro lugar, que imaginamos na base de tudo uma psique das massas, em que os processos psíquicos ocorrem tal como na vida psíquica individual. Supomos, principalmente, que a consciência de culpa por um ato persiste através de milênios e continua a influir em gerações que nada podiam saber desse ato. Supomos um processo afetivo, que pode ter se desenvolvido em gerações de filhos que foram maltratados pelo pai, estendendo-se por novas gerações que disso foram poupadas precisamente pela eliminação do pai. Estas seriam graves objeções, e qualquer outra explicação que evite esses pressupostos seria preferível.

74 Ou melhor, complexo parental.

75 Acostumado a mal-entendidos, não considero desnecessário enfatizar que as derivações aqui oferecidas não ignoram absolutamente a natureza complexa dos fenômenos em questão, e que apenas reivindicam acrescentar, às fontes já conhecidas ou ainda desconhecidas da religião, da moral e da sociedade, um novo elemento que resulta da consideração das exigências da psicanálise. Devo deixar para outros a síntese numa totalidade de explicação. Mas a natureza dessa nova contribuição faz com que não possa ter, numa tal síntese, outro papel que não o central, embora grandes resistências afetivas tenham de ser superadas até que lhe reconheçam esta importância.

Uma reflexão mais detida, porém, mostra que não temos de carregar sozinhos a responsabilidade por tal ousadia. Sem a hipótese de uma psique das massas, de uma continuidade na vida afetiva dos seres humanos que permita negligenciar as interrupções dos atos psíquicos causadas pelo passamento dos indivíduos, não poderia haver psicologia dos povos. Se os processos psíquicos não continuassem de uma geração para a seguinte, se cada uma tivesse que adquirir de novo seu posicionamento ante a vida, não haveria progresso nesse campo e quase nenhum desenvolvimento. Então surgem duas novas questões: o quanto pode ser atribuído à continuidade psíquica na sequência de gerações, e de quais meios e caminhos serve-se uma geração para transmitir à geração seguinte os seus estados psíquicos. Não direi que tais problemas estejam suficientemente esclarecidos ou que a tradição e a comunicação direta, em que primeiramente se pensa, bastem para o exigido. Em geral, a etnopsicologia pouco se ocupa da maneira como se produz a requerida continuidade na vida psíquica das gerações que se sucedem. Uma parte da questão parece ser resolvida pela herança de disposições psíquicas, que, porém, necessitam de determinados ensejos na vida individual para se tornarem efetivas. Tal pode ser o significado das palavras do poeta:

> O que herdaste de teus pais,
> conquista-o, para que o possuas.*

O problema pareceria ainda mais difícil, se tivéssemos de reconhecer que existem impulsos psíquicos que podem ser reprimidos tão completamente que não deixam quaisquer resíduos. Ocorre que esses não existem. A mais forte repressão tem que deixar espaço para im-

* Goethe, *Fausto*, cena I, vv. 682-3.

pulsos substitutivos deformados e as reações que deles resultam. Mas então podemos supor que nenhuma geração é capaz de esconder eventos psíquicos relevantes daquela que a sucede. Pois a psicanálise nos ensina que cada qual possui, em sua atividade mental inconsciente, um aparelho que lhe permite interpretar as reações das outras pessoas, isto é, desfazer as deformações que o outro realizou na expressão de seus sentimentos. Por essa via de compreensão inconsciente de todos os costumes, cerimônias e estatutos deixados pela relação original com o pai primevo, também as gerações posteriores podem ter assumido esta herança afetiva.

Uma outra consideração poderia ser feita a partir do lado psicanalítico.

As primeiras prescrições e restrições morais da sociedade primitiva foram por nós concebidas como reações a um ato que deu a seus autores a noção de crime. Eles se arrependeram desse ato e decidiram que ele não poderia mais se repetir, e que sua execução não deveria trazer nenhuma vantagem. Essa criativa consciência de culpa não desapareceu entre nós. Nós a vemos atuando nos neuróticos, de forma associal, a fim de produzir novos preceitos morais, continuadas restrições, como penitência para os malfeitos cometidos e advertência para outros a cometer. Mas quando investigamos, nesses neuróticos, os atos que provocaram tais reações, ficamos decepcionados. Não encontramos atos, e sim apenas impulsos, sentimentos que aspiram ao mal, mas foram impedidos de realizá-lo. Na base da consciência de culpa dos neuróticos se acham apenas realidades psíquicas, e não factuais. A neurose caracteriza-se, então, por colocar a realidade psíquica acima da factual, por reagir a pensamentos de forma tão séria como as pessoas normais reagem às coisas reais.

É possível que algo assim tenha se verificado com os primitivos? Podemos justificadamente atribuir-lhes, como um dos fenômenos de sua organização narcísica, uma superestimação extraordinária dos atos psíquicos.[76] Desse modo, os impulsos de hostilidade para com o pai, a existência da fantasia com o desejo de matá-lo e devorá-lo, poderiam bastar para produzir a reação moral que gerou o totemismo e o tabu. Assim escaparíamos à necessidade de fazer remontar a um crime horrendo, ofensivo a todos os nossos sentimentos, a origem de nosso patrimônio cultural, do qual temos justificado orgulho. O nexo causal que vai desse começo ao nosso presente não sofreria dano algum, pois a realidade psíquica seria suficientemente relevante para levar o peso das consequências. A isto se objetará que uma mudança na forma da sociedade, da horda paterna ao clã de irmãos, realmente aconteceu. Este é um argumento forte, mas não decisivo. A mudança poderia ter sido alcançada de modo menos violento e, no entanto, incluir a condição para o surgimento da reação moral. Enquanto a pressão exercida pelo pai primevo se fazia sentir, os sentimentos hostis em relação a ele eram justificados, e o arrependimento por eles teve de esperar um outro momento. Tampouco é convincente a segunda objeção, de que tudo que deriva da relação ambivalente com o pai — tabu e prescrições de sacrifício — tem o caráter de profunda seriedade e plena realidade. Também as cerimônias e as inibições dos neuróticos obsessivos mostram esse caráter, mas remontam apenas à realidade psíquica, a desígnios, não a realizações. Devemos cuidar de não transferir o menosprezo pelo apenas pensado e desejado, de nosso mundo prosaico, cheio de valores materiais, para o mundo do primitivo e do neurótico, rico apenas interiormente.

Estamos aqui perante uma decisão que realmente não é fácil para nós. Mas comecemos declarando que

76 Ver o ensaio sobre "Animismo, magia e onipotência dos pensamentos".

esta diferença, que pode parecer fundamental para outros, não toca a essência da questão, ao nosso ver. Se os desejos e impulsos têm o pleno valor de fatos para os primitivos, cabe a nós seguir compreensivamente essa atitude, em vez de corrigi-la conforme nossos critérios. Então vamos examinar mais detidamente o quadro da neurose que nos conduziu a essa dúvida. Não é correto dizer que os neuróticos obsessivos, hoje sob a pressão de uma moral excessiva, defendem-se apenas da realidade psíquica de tentações e castigam-se por impulsos meramente sentidos. Há também um quê de realidade histórica nisso; na infância, essas pessoas nada tiveram senão os impulsos maus, e na medida em que puderam, na impotência infantil, transpuseram esses impulsos também em ações. Cada um desses indivíduos excessivamente bons teve um período mau na infância, um estágio perverso, precursor e pressuposto do excessivamente moral que viria depois. A analogia dos primitivos com os neuróticos se estabelece mais profundamente, então, se supomos que também naqueles a realidade psíquica, acerca de cuja configuração não há dúvida, inicialmente coincidiu com a realidade factual, que os primitivos realmente fizeram o que a evidência mostra que pretendiam.

Tampouco devemos deixar que o nosso juízo sobre os primitivos seja influenciado demasiadamente pela analogia com os neuróticos. Também há diferenças a serem tidas em conta. É certo que em ambos, selvagens e neuróticos, inexistem as agudas distinções que traçamos entre pensamento e ação. Mas o neurótico é inibido sobretudo no agir, nele o pensar substitui plenamente o fazer. O primitivo não é inibido, o pensamento logo se converte em ato, nele o ato seria antes um substituto para o pensamento; por isso creio, sem reivindicar definitiva certeza na decisão, que no caso em discussão é lícito supormos que “no princípio foi o Ato”.

Sigmund Freud

## O mal-estar na civilização

*Tradução de*
PAULO CÉSAR DE SOUZA

Escrito às vésperas do colapso da Bolsa de Valores de Nova York (1929) e publicado em Viena no ano seguinte, *O mal-estar na civilização* é uma penetrante investigação sobre as origens da infelicidade, sobre o conflito entre indivíduo e sociedade e suas diferentes configurações na vida civilizada. Este clássico da antropologia e da sociologia também constitui, nas palavras do historiador Peter Gay, "uma teoria psicanalítica da política". Na tradução de Paulo César de Souza, que preserva a exatidão conceitual e toda a dimensão literária da prosa do criador da psicanálise, o livro proporciona um verdadeiro mergulho na teoria freudiana da cultura, segundo a qual civilização e sexualidade coexistem de modo sempre conflituoso. A partir dos fundamentos biológicos da libido e da agressividade, Freud demonstra que a repressão e a sublimação dos instintos sexuais, bem como sua canalização para o mundo do trabalho, constituem as principais causas das doenças psíquicas de nossa época.

Friedrich Nietzsche

## 100 aforismos sobre o amor e a morte

*Seleção e tradução de*
PAULO CÉSAR DE SOUZA

A maioria dos treze livros publicados durante a vida de Nietzsche se compõe de breves seções numeradas. São os chamados "aforismos", que ele adotou dos moralistas franceses do século XVIII e a que deu maior extensão e amplitude temática. Trata-se de milhares de reflexões sobre os mais diversos temas de filosofia, moral, religião, literatura, sociedade, sexualidade, política, e também sobre inúmeras personalidades históricas e artísticas.

Desse extraordinário conjunto de observações, o tradutor Paulo César de Souza retirou uma centena de aforismos sobre dois temas universais, que interessam a todo ser humano e que talvez definam o que é ser humano: a necessidade do amor e a consciência da morte.

Karl Marx e Friedrich Engels

## Manifesto do partido comunista

*Tradução de*
SERGIO TELLAROLI

Mais de vinte anos após a queda do Muro de Berlim e o fim da União Soviética, o legado intelectual de Karl Marx e Friedrich Engels ainda pode ajudar a compreender as transformações do mundo contemporâneo? A crise financeira deflagrada em 2008 escancarou as fragilidades estruturais do capitalismo e ratificou diversos postulados dos autores do *Manifesto do Partido Comunista*. Desde então, o grande número de reedições dos livros basilares do marxismo em todo o mundo atesta que o estudo das contradições inerentes à reprodução do capital tem se renovado e ampliado.

Análise militante da luta de classes, denúncia dos mecanismos de perpetuação da opressão, este é um dos textos políticos mais influentes da história moderna. Com tradução direta do alemão por Sergio Tellaroli e posfácio do filósofo marxista Marshall Berman, além de prefácios de Marx e Engels para edições em vários países, o *Manifesto* recupera a força explosiva da prosa original.

LEIA MAIS PENGUIN-COMPANHIA

CLÁSSICOS

Montaigne

## Os ensaios — uma seleção

*Tradução de*

ROSA FREIRE D'AGUIAR

Michel Eyquem, Seigneur de Montaigne (1533-1592), é considerado o inventor do gênero ensaio. Herdeiro de uma fortuna deixada pelo avô, chegou a ser prefeito de Bordeaux e, a certa altura, retirou-se para ler, meditar e escrever sobre praticamente tudo.

Esta edição — com prefácio do crítico Eric Auerbach — oferece ao leitor brasileiro a possibilidade de ter uma visão abrangente do pensamento de Montaigne, sem que precise recorrer aos três volumes de suas obras completas. Selecionados para a edição internacional da Penguin por M. A. Screech, especialista no Renascimento, os ensaios passam por temas como o medo, a covardia, a preparação para a morte, a educação dos filhos, a embriaguez, a ociosidade.

De particular interesse para nossos leitores é o ensaio "Sobre os canibais", inspirado no encontro que Montaigne teve, em Ruão, em 1562, com os índios da tribo Tupinambá, levados para serem exibidos na corte francesa. Além disso, trata-se da primeira edição brasileira que utiliza a monumental reedição dos ensaios lançada pela Bibliothèque de la Plêiade, que, por sua vez, se valeu da edição póstuma dos ensaios de 1595.

Voltaire

# Cândido, ou O Otimismo

*Tradução de*
MÁRIO LARANJEIRA

Até ser expulso de um lindo castelo na Westfália, o jovem Cândido convivia com sua amada, a bela Cunegunda, e tinha a felicidade de ouvir diariamente os ensinamentos de mestre Pangloss, para quem "todos os acontecimentos estão encadeados no melhor dos mundos possíveis". Apesar da crença absoluta na doutrina *panglossiana*, do primeiro ao último capítulo, Cândido sofre um sem-fim de desgraças: é expulso do castelo; perde seu amor; é torturado por búlgaros; sobrevive a um naufrágio para em seguida quase perecer em um terremoto; vê seu querido mestre ser enforcado em um auto da fé; é roubado e enganado sucessivas vezes. Cândido só começa a desconfiar do otimismo exacerbado de seu mestre quando ele próprio e todos os que cruzam seu caminho dão provas concretas que o melhor dos mundos possíveis vai, na verdade, muito mal.

*Cândido, ou o Otimismo* é um retrato satírico de seu tempo. Escrito em 1758, critica com bom-humor as regalias da nobreza, a intolerância religiosa e os absurdos da Santa Inquisição. Já o caricato mestre Pangloss é uma representação sarcástica da filosofia otimista do pensador alemão Gottfried Leibniz (1646-1716).

1ª EDIÇÃO [2013] 9 reimpressões

Esta obra foi composta em Sabon por warrakloureiro/ Alice Viggiani
e impressa em ofsete pela Lis Gráfica sobre papel Pólen da
Suzano S.A. para a Editora Schwarcz em junho de 2025